新农村建设丛书

新农村建设政策解读

主编　高明秀

副主编　王　凌　翟荣惠　罗建强　韩小凤　刁海亭　李　刚

中国建筑工业出版社

图书在版编目(CIP)数据

新农村建设政策解读/高明秀主编. —北京：中国建筑工业出版社，2010

(新农村建设丛书)

ISBN 978-7-112-10599-1

Ⅰ. 新… Ⅱ. 高… Ⅲ. 农村政策-基本知识-中国 Ⅳ. F320

中国版本图书馆 CIP 数据核字(2008)第 211034 号

新农村建设丛书

新农村建设政策解读

主编 高明秀

副主编 王 凌 翟荣惠 罗建强 韩小凤 刁海亭 李 刚

*

中国建筑工业出版社出版、发行(北京西郊百万庄)

各地新华书店、建筑书店经销

北京华艺制版公司制版

北京市密东印刷有限公司印刷

*

开本：850×1168 毫米 1/32 印张：7¾ 字数：223 千字

2010 年 7 月第一版 2016 年 9 月第二次印刷

定价：**18.00** 元

ISBN 978-7-112-10599-1

(17524)

社会主义新农村建设是我国现代化进程中重大而又紧迫的历史任务，为统筹城乡发展，从根本上解决“三农”问题，建设好新农村，使广大农民能够享受到社会发展成果，国家先后出台了一系列支农、惠农、服务“三农”，推动农村建设发展的政策措施。本书能帮助广大农民朋友和基层农村工作者快速、准确地了解和掌握这些政策及相关法律法规的主要内容，运用这些政策法规加快发展和维护权益。

全书共分十一章，为便于广大农民朋友和基层农村工作者快速查阅，本书每章首先列出相关政策法规清单，在全书最后分章列出问题索引，编写时力求联系实际，内容简明扼要，语言通俗易懂，形式易查易用。

本书适于三农相关机构管理人员、村镇干部、农民、大学生村官阅读。

* * *

责任编辑：刘　江　张礼庆
责任设计：赵明霞
责任校对：王雪竹　陈晶晶

《新农村建设丛书》委员会

王福臣　黑龙江省拜泉县富强镇公平村一组村民

丛书主编

徐学东　山东农业大学村镇建设工程技术研究中心主任、教授

丛书主审

高　潮　住房和城乡建设部村镇建设专家委员会委员、中国建筑设计研究院研究员

丛书编委会（按姓氏笔画为序）

丁晓欣　卫　琳　牛大刚　王忠波　东野光亮　白清俊
米庆华　刘福胜　李天科　李树枫　李道亮　张可文
张庆华　陈纪军　陆伟刚　宋学东　金兆森　庞清江
赵兴忠　赵法起　段绪胜　徐学东　高明秀　董　洁
董雪艳　温凤荣

本丛书为“十一五”国家科技支撑计划重大项目“村镇空间规划与土地利用关键技术研究”研究成果之一（项目编号2006BAJ05A0712）

·丛书序言·

建设社会主义新农村是我国现代化进程中的重大历史任务。党的十六届五中全会对新农村建设提出了“生产发展、生活宽裕、乡风文明、村容整洁、管理民主”的总要求。这既是党中央新时期对农村工作的纲领性要求，也是新农村建设必须达到的基本目标。由此可见，社会主义新农村，是社会主义经济建设、政治建设、文化建设、社会建设和党的建设协调推进的新农村，也是繁荣、富裕、民主、文明、和谐的新农村。建设社会主义新农村，需要国家政策推动，政府规划引导和资金支持，更需要新农村建设主力军——广大农民和村镇干部、技术人员团结奋斗，扎实推进。他们所缺乏的也正是实用技术的支持。

由山东农业大学徐学东教授主持编写的《新农村建设丛书》是为新农村建设提供较全面支持的一套涵盖面广、实用性强，语言简练、图文并茂、通俗易懂的好书。非常适合当前新农村建设主力军的广大农民朋友、新农村建设第一线工作的农村技术人员、村镇干部和大学生村官阅读使用。

山东农业大学是一所具有百年历史的知名多科性大学，具有与农村建设相关的齐全的学科门类和较强的学科交叉优势。在为新农村建设服务的过程中，该校已形成一支由多专业专家教授组成，立足农村，服务农民，有较强责任感和科技服务能力的新农村建设研究团队。他们参与了多项“十一五”科技支撑计划课题与建设部课题的研究工作，为新农村建设作出了重要贡献。该丛书的出版非常及时，满足了农村多元化发展的需要。

住房和城乡建设部村镇建设司司长　李兵弟

2010 年 3 月 26 日

·丛书前言·

建设社会主义新农村是党中央、国务院在新形势下为促进农村经济社会全面发展作出的重大战略部署。中央为社会主义新农村建设描绘了“生产发展、生活宽裕、乡风文明、村容整洁、管理民主”的美好蓝图。党的十七届三中全会，进一步提出了“资源节约型、环境友好型农业生态体系基本形成，农村人居和生态环境明显改善，可持续发展能力不断增强”的农村改革发展目标。中央为建设社会主义新农村创造了非常好的政策环境，但是在当前条件下，建设社会主义新农村，是一项非常艰巨的历史任务。农民和村镇干部长期工作在生产建设第一线，是新农村建设的主体，在新农村建设中他们需要系统、全面地了解和掌握各领域的技术知识，以把握好新农村建设的方向，科学、合理有序地搞好建设。

作为新闻出版总署“十一五”规划图书，《新农村建设丛书》正是适应这一需要，针对当前新农村建设中最实际、最关键、最迫切需要解决的问题，特地为具有初中以上文化程度的普通农民、农村技术人员、村镇干部和大学生村官编写的一套大型综合性、知识性、实用性、科普性读物。重点解决上述群体在生活和工作中急需了解的技术问题。本丛书编写的指导思想是：以倡导新型发展理念和健康生活方式为目标，以农村基础设施建设为主要内容，为新农村建设提供全方位的应用技术，有效地指导村镇人居环境的全面提升，引导农民把我国农村建设成为节约、环保，卫生、安全，富裕、舒适，文明、和谐的社会主义新农村。

本丛书由上百位专家教授在深入调查的基础上精心编写，每一分册侧重于新农村建设需求的一个方面，丛书力求深入浅出、语言简练、图文并茂。读者既可收集丛书全部，也可根据实际需求有针对性地选择阅读。

由于我们认识水平所限，丛书的内容安排不一定能完全满足基层的实际需要，缺点错误也在所难免，恳请读者朋友提出批评指正。您在新农村建设中遇到的其他技术问题，也可直接与我们中心联系（电话0538－8249908，E-mail：zgczjs@126.com），我们将组织相关专家尽力给予帮助。

山东农业大学村镇建设工程技术研究中心　徐学东

2010年3月26日

本书前言

社会主义新农村建设是我国现代化进程中重大而又紧迫的历史任务，为统筹城乡发展，从根本上解决“三农”问题，建设好新农村，使广大农民能够平等享受到经济社会发展成果，国家先后出台了一系列支农、惠农、服务“三农”，推动农村建设发展的政策措施。为帮助广大农民朋友和农村基层工作者快速、准确地了解和掌握这些政策及相关法律法规的主要内容，运用这些政策法规加快发展和维护权益，我们编写了这本《新农村建设政策解读》。

全书共分十一章。第一章主要介绍社会主义新农村建设战略和农村改革发展政策，以及如何运用政策建设新农村和有效维护农民正当权益；第二章至第十章分别介绍了新农村建设中的农村土地使用、村庄规划整治与民房建设、农业支持、农村市场发展和经济组织、环境保护与污染防治、农产品质量与食品安全、农村教育与社会保障、农村民主管理、农村文化建设与保护等政策，第十一章介绍了大学生投身新农村建设的相关政策。

为便于广大农民朋友和基层农村工作者快速查阅，本书每章首先列出相关政策清单，在全书最后分章列出问题索引，编写时力求联系实际，内容简明扼要，语言通俗易懂，形式易查易用。

本书第一、十章由高明秀编写，第二、五章由罗建强编写，第三章由刁海亭编写，第四章由翟荣惠编写，第六、七章由王淩编写，第八、九章由韩小凤、李刚编写，第十一章由王瑗玲、崔玉英编写。全书由高明秀统稿。参加本书编写工作的人员还有崔巍、张芹、江涛、齐晓璐、郎琪、戚春燕等。

由于时间和水平所限，本书如有错漏之处，恳请读者不吝指正。

目　录

第一章　社会主义新农村

【相关政策】

1.《中共中央国务院关于2009年促进农业稳定发展农民持续增收的若干意见》(2008年12月31日)

2.《中共中央关于推进农村改革发展若干重大问题的决定》(2008年10月12日中国共产党第十七届中央委员会第三次全体会议通过)

3.《中共中央国务院关于切实加强农业基础建设进一步促进农业发展农民增收的若干意见》(2007年12月31日)

4.《中共中央国务院关于积极发展现代农业扎实推进社会主义新农村建设的若干意见》(2006年12月31日)

5.《中华人民共和国国民经济和社会发展第十一个五年规划纲要》(2006年3月14日第十届全国人民代表大会第四次会议批准)

6.《中共中央国务院关于推进社会主义新农村建设的若干意见》(2005年12月31日)

7.《中共中央关于制订国民经济和社会发展第十一个五年规划的建议》(2005年10月11日中国共产党第十六届中央委员会第五次全体会议通过)

第一节　社会主义新农村

一、社会主义新农村建设的目标

“生产发展、生活宽裕、乡风文明、村容整洁、管理民主”，是党的十六届五中全会对社会主义新农村建设提出的总要求，也是今后我国新农村建设的总目标，短短的20个字，涵义丰富，覆盖面广，不仅涉及整个农村经济的发展，农民收入的提高，生活质量的改善，而且涉及农村整体面貌、环境的变化，农民素质的提高，以及农村的管理、民主政治的推进问题。

社会主义新农村建设是一个完整的、系统的复杂工程，新农村建设的目标，不只强调农村某一方面的建设。建设社会主义新农村必须坚持以“三个代表”重要思想为指导，全面落实科学发展观，以构建和谐社会为目的，以改善人居环境为突破口，以提高农民素质和生活质量为根本，以“生产发展、生活宽裕、乡风文明、村容整洁、管理民主”为根本要求，协调推进农村物质文明、政治文明、精神文明建设，建设富裕、民主、文明的新农村。

从具体的工作上讲，《中共中央国务院关于推进社会主义新农村建设的若干意见》（2006 年中央一号文件）明确提出要协调推进五个方面的建设，最终实现五个方面的目标：一是经济建设，发展农村生产力，提高农民生活水平；二是政治建设，推进基层民主政治建设，进一步提高科学民主管理水平；三是文化建设，不断提高农民素质，农村文化事业得到繁荣发展；四是社会建设，改善农村公共基础设施，使农村社会事业得到发展；五是政权建设，加强农村基层党的组织和基层政权建设，让农村基层的党组织真正成为带领农民建设新农村的领导力量，切实保障农民的民主权利。

二、社会主义新农村建设的主要内容

社会主义新农村建设是一项复杂的系统工程，“生产发展、生活宽裕、乡风文明、村容整洁、管理民主”五句话有机联系，涵盖了新农村建设的经济建设、政治建设、文化建设、社会建设等各个方面的建设内容。

1. 生产发展——打牢社会主义新农村建设的物质基础

推进社会主义新农村建设，必须以经济建设为中心，以生产发展为首要内容。要大力推进现代农业建设，加快农业科技进步，加强农业设施建设，调整农业生产结构，转变农业增长方式，提高农业综合生产能力。深化农业和农村经济结构战略性调整，稳定发展粮食生产，优化农业生产布局，推进农业产业化经营，促进农产品加工转化增值，发展高产、优质、高效、生态、安全农业；提高农业机械化水平，加快农业标准化，健全农业技术推广、农产品市场、农产品质量安全和动植物病虫害防控体系，合理利用资源，大力发展循环经济，促进农业可持续发展；坚持最严格的耕地保护制度，加强农田水利建设，确保基本农田数量不减、质量不降、用途不变。要通过社会主义新农村建设，加快发展农业和农村经济，使农业基础地位更加巩固，农业物质技术条件明显改善，土地产出率和劳动生产率明显提高，农业综合效益和竞争力明显增强，农业现代化进程明显加快，为国民经济发展作出更大贡献。

2. 生活宽裕——千方百计增加农民收入

农民生活宽裕是检验社会主义新农村建设的重要标志。要充分挖掘农业内部增收潜力，扩大养殖、园艺等劳动密集型产品和绿色食品的生产，努力开拓农产品市场。积极开拓农民外部增收潜力，大力发展区域经济，积极发展乡镇企业、农村个体私营等非公经济，加强农村劳动力技能培训，引导富余劳动力向非农产业和城镇有序转移，切实增加农民工资性收入。加大扶贫开发力度，提高贫困地区人口素质，改善基本生产生活条件。继续完善现有农业补贴政策，建立符合国情的农业支持保护制度。

3. 乡风文明——在农村形成健康文明的精神风貌

乡风文明建设要以全面建设农村小康和构建农村和谐社会为目标，以农村教育、文化、卫生和社会保障建设为重点，制订规划，逐步推进。要加快发展农村教育事业，加大农民培训力度，大力培养有文化、懂技术、会经营的新型农民。加强农村精神文明建设，做好宣传教育工作，提高农民的思想道德素质；大力发展农村文化事业，开展健康的文化体育活动，让农民享受丰富多彩的文化生活；加强农村公共卫生和基本医疗服务体系建设，建立新型农村合作医疗制度，不断建立健全农村养老、医疗、低保等社会保障体系。依据国家法律法规，制定乡规民约，破除陈规陋习，依法管理宗教活动。要通过社会主义新农村建设，使农村尊老爱幼、夫妻和睦、勤俭持家、邻里团结、助人为乐等传统美德不断发扬光大，文明礼貌、诚实守信、男女平等、科学健康、遵纪守法等现代风尚得到倡导和培养，封建迷信、偷盗抢劫、打架斗殴、黄赌毒骗、违法乱纪等丑恶现象基本摒弃和消除。

4. 村容整洁——改善农村人居环境和村容村貌

目前，我国农村有3.8万多个乡镇，68万多个村，2.5亿多农户。改善农村基础设施落后状况任务艰巨，潜力很大，是国家基础设施建设投资的新领域，是拉动国民经济平稳较快发展的新的增长点。加大对农村道路、安全饮水、农村能源、改厨改厕等设施的投入，完善电力、广播、通信等配套设施建设，使农村基础设施不断改善，供水系统快捷卫生，电力设施安全齐备。加强农村环境建设，开展农村生活垃圾、沟渠水塘、院落畜圈的整治，加强危旧房屋更新改造，创造良好的生态环境和优美的生活环境，搞好乡村建设规划，因地制宜地建设具有民族特色和地域风情的民居民宅，美观实用，节约土地。要通过社会主义新农村建设，使农村的发展得到合理规划，房舍排列有序，道路硬化清洁，垃圾集中处理，厕所卫生整洁，人畜合理分离，绿树环绕，空气清新。

5. 管理民主——加强和完善农村民主法制建设

加强和完善农村民主法制建设，不仅是全面建设小康社会的重要组成内容，也是农村经济社会协调发展所不可或缺的重要基础和必要条件。坚持党对农村的领导，坚持以农民群众的根本利益为最终出发点，贯彻依法治国的基本方略，维护农村社会稳定，为社会主义新农村建设提供重要制度保障。要发展和扩大农村基层民主，健全村党组织领导的充满活力的村民自治机制，进一步完善“一事一议”制度，搞好村务公开、政务公开和财务公开，逐步建立农民自我管理、自我服务、自我教育、自我监督的机制，教育引导农民依法行使民主权利。不断增强集体经济服务功能，积极发展“民管、民办、民受益”的各类农民合作经济组织，提高农业的组织化程度。加强农村法制建设，加大法制宣传和教育力度，使依法办事和依法行政的理念深入人心，切实保障农民的合法权益。

三、新农村建设的基本方针和基本原则

1. 建设新农村采取的基本方针

新时期，党和国家为推进社会主义新农村建设，提出了统筹城乡发展和“多予、少取、放活”的方针。统筹城乡发展是指充分发挥工业对农业的支持和反哺作用、城市对农村的辐射和带动作用，建立以工促农、以城带乡的长效机制，促进城乡协调发展。多予，就是要加大对“三农”的投入，加强农村基础设施建设，推动农业科技进步，为农民增收创造条件；少取，就是要在巩固现有税费改革成果的基础上，逐步取消不应由农民承担的税费负担，创造条件最终实现城乡税制的统一；放活，就是要放开农民手脚，搞活农村经济，通过深化农村经营体制改革，激发农民自主创业增收的积极性。

2. 社会主义新农村建设的基本原则

推进新农村建设是一项长期而繁重的历史任务，必须坚持以发展农村经济为中心，进一步解放和发展农村生产力，促进粮食稳定发展、农民持续增收；必须坚持农村基本经营制度，尊重农民的主体地位，不断创新农村体制、机制；必须坚持以人为本，着力解决农民生产生活中最迫切的实际问题，切实让农民得到实惠；必须坚持科学规划，实行因地制宜、分类指导，有计划、有步骤、有重点地逐步推进；必须坚持发挥各方面的积极性，依靠农民辛勤劳动、国家扶持和社会力量的广泛参与，使新农村建设成为全党全社会的共同行动。在推进新农村建设工作中，要注重

实效，不搞形式主义；要量力而行，不盲目攀比；要民主商议，不强迫命令；要突出特色，不强求一律；要引导扶持，不包办代替。

四、“十一五”期间新农村建设的重点

《中华人民共和国国民经济和社会发展第十一个五年规划纲要》提出，坚持统筹城乡经济社会发展的基本方略，在积极稳妥地推进城镇化的同时，按照生产发展、生活宽裕、乡风文明、村容整洁、管理民主的要求，扎实稳步推进新农村建设。

《规划纲要》提出，要坚持把发展农业生产力作为建设社会主义新农村的首要任务，稳定发展粮食生产，粮食综合生产能力达到5亿吨左右。要坚持最严格的耕地保护制度，提高农业科技创新和转化能力，加快建设国家农业科技创新基地和区域性农业科研中心。要优化农业产业结构，在保证粮棉油稳定增产的同时，提高养殖业比重。要加强农业服务体系建设。要完善农村流通体系，继续实施“万村千乡市场工程”，加快供销合作社经营网络改造和城市商业网点向农村延伸。

《规划纲要》提出，要延长农业产业链条，使农民在农业功能拓展中获得更多收益，发展农产品加工、保鲜、储运和其他服务。在增加非农产业收入方面，要推动乡镇企业机制创新和结构调整，注重发展就业容量大的劳动密集型产业和服务业，壮大县域经济。健全就业信息服务体系，引导富余劳动力向非农产业和城镇有序转移，保障进城务工人员的合法权益。要继续实行对农民的直接补贴政策，加大补贴力度，完善补贴方式。促进农产品价格保持在合理水平，稳定农业生产资料价格，建立农业支持保护制度。严格涉农收费管理，禁止向农民乱收费、乱摊派。

《规划纲要》提出，要加快实施农村饮水安全工程；基本实现全国所有乡镇通油（水泥）路；完善农村电网；基本实现村村通电话、乡乡能上网；做好乡村建设规划，引导农民合理建设

住宅。加强农村环境保护。积极发展农村卫生事业，加强以乡镇卫生院为重点的农村卫生基础设施建设，健全农村三级卫生服务和医疗救助体系。要加快发展农村教育、技能培训和文化事业，培养造就有文化、懂技术、会经营的新型农民。要着力普及和巩固农村九年制义务教育，对农村义务教育阶段学生免收学杂费。

《规划纲要》提出，坚持“多予少取放活”的方针，加快建立以工促农、以城带乡的长效机制。调整国民收入分配格局，国家财政支出和预算内固定资产投资，要按照存量适度调整、增量重点倾斜的原则，不断增加对农业和农村的投入。扩大公共财政覆盖农村的范围，确保财政用于“三农”投入的增量高于上年，新增教育、卫生、文化财政支出主要用于农村，中央和地方各级政府基础设施建设投资的重点要在农业和农村。

《规划纲要》提出，要稳定并完善以家庭承包经营为基础、统分结合的双层经营体制，有条件的地方可根据自愿、有偿的原则依法流转土地承包经营权。巩固农村税费改革成果，全面推进农村综合改革，基本完成乡镇机构、农村义务教育和县乡财政管理体制等改革任务。要大力推进农村基层组织建设，推进政务公开和民主管理，健全村党组织领导的充满活力的村民自治机制。

第二节　农村改革发展

一、推进农村改革发展的指导思想

新形势下推进农村改革发展，要全面贯彻党的十七大精神，高举中国特色社会主义伟大旗帜，以邓小平理论和“三个代表”重要思想为指导，深入贯彻落实科学发展观，把建设社会主义新农村作为战略任务，把走中国特色农业现代化道路作为基本方向，把加快形成城乡经济社会发展一体化新格局作为根本要求，坚持工业反哺农业、城市支持农村和多予少取放活方针，创新体制机制，加强农业基础，增加农民收入，保障农民权益，促进农村和谐，充分调动广大农民的积极性、主动性、创造性，推动农村经济社会又好又快发展。

二、推进农村改革发展的目标任务

根据党的十七大提出的实现全面建设小康社会奋斗目标的新要求和建设生产发展、生活宽裕、乡风文明、村容整洁、管理民主的社会主义新农村要求，到 2020 年，农村改革发展的基本目标任务是：农村经济体制更加健全，城乡经济社会发展一体化体制机制基本建立；现代农业建设取得显著进展，农业综合生产能力明显提高，国家粮食安全和主要农产品供给得到有效保障；农民人均纯收入比 2008 年翻一番，消费水平大幅提升，绝对贫困现象基本消除；农村基层组织建设进一步加强，村民自治制度更加完善，农民民主权利得到切实保障；城乡基本公共服务均等化明显推进，农村文化进一步繁荣，农民基本文化权益得到更好落实，农村人人享有接受良好教育的机会，农村基本生活保障、基本医疗卫生制度更加健全，农村社会管理体系进一步完善；资源节约型、环境友好型农业生产体系基本形成，农村人居和生态环境明显改善，可持续发展能力不断增强。

三、推进农村改革发展的重大原则

实现农村改革发展的目标任务，要遵循以下重大原则：

——必须巩固和加强农业基础地位，始终把解决好十几亿人口吃饭问题作为治国安邦的头等大事。坚持立足国内实现粮食基本自给方针，加大国家对农业支持保护力度，深入实施科教兴农战略，加快现代农业建设，实现农业全面稳定发展，为推动经济发展、促进社会和谐、维护国家安全奠定坚实基础。

——必须切实保障农民权益，始终把实现好、维护好、发展好广大农民根本利益作为农村一切工作的出发点和落脚点。坚持以人为本，尊重农民意愿，着力解决农民最关心、最直接、最现实的利益问题，保障农民政治、经济、文化、社会权益，提高农民综合素质，促进农民全面发展，充分发挥农民主体作用和首创精神，紧紧依靠亿万农民建设社会主义新农村。

——必须不断解放和发展农村社会生产力，始终把改革创新作为农村发展的根本动力。坚持不懈地推进农村改革和制度创新，提高改革决策的科学性，增强改革措施的协调性，充分发挥市场在资源配置中的基础性作用，加强和改善国家对农业、农村发展的调控和引导，健全符合社会主义市场经济要求的农村经济体制，调整不适应农村社会生产力发展要求的生产关系和上层建筑，使农村经济社会发展充满活力。

——必须统筹城乡经济社会发展，始终把着力构建新型工农、城乡关系作为加快推进现代化的重大战略。统筹工业化、城镇化、农业现代化建设，加快建立健全以工促农、以城带乡长效机制，调整国民收入分配格局，巩固和完善强农惠农政策，把国家基础设施建设和社会事业发展重点放在农村，推进城乡基本公共服务均等化，实现城乡、区域协调发展，使广大农民平等参与现代化进程、共享改革发展成果。

——必须坚持党管农村工作，始终把加强和改善党对农村工作的领导作为推进农村改革发展的政治保证。坚持一切从实际出发，坚持党在农村的基本政策，加强农村基层组织和基层政权建设，完善党管农村工作体制机制和方式方法，保持党同农民群众的血肉联系，巩固党在农村的执政基础，形成推进农村改革发展强大合力。

四、推进农村改革发展的主要内容

推进农村改革发展，必须大力推进改革创新，加强农村制度建设；必须积极发展现代农业，提高农业综合生产能力；必须加快发展农村公共事业，促进农村社会全面进步；必须加强和改善党的领导，为推进农村改革发展提供坚强政治保障（详见表1-1）。

推进农村改革发展的主要内容 **表 1-1**

实现农村发展战略目标	大力推进改革创新 加强农村制度建设	稳定和完善农村基本经营制度
		健全严格规范的农村土地管理制度
		完善农业支持保护制度
		建立现代农村金融制度
		建立促进城乡经济社会发展一体化
		健全农村民主管理制度
	积极发展现代农业 提高农业综合生产能力	确保国家粮食安全
		推进农业结构战略性调整
		加快农业科技创新
		加强农业基础设施建设
		建立新型农业社会化服务体系
		促进农业可持续发展
		扩大农业对外开放
	加快发展农村公共事业 促进农村社会全面进步	繁荣发展农村文化
		大力办好农村教育事业
		促进农村医疗卫生事业发展
		健全农村社会保障体系
		加强农村基础设施和环境建设
	加快发展农村公共事业 促进农村社会全面进步	推进农村扶贫开发
		加强农村防灾减灾能力建设
		强化农村社会管理
	加强和改善党的领导 为推进农村改革发展 提供坚强政治保证	完善党领导农村工作体制机制
		加强农村基层组织建设
		加强农村基层干部队伍建设
		加强农村党员队伍建设
		加强农村党风廉政建设

第三节　运用政策建设新农村

一、全面了解新农村建设政策

农村干部群众要及时全面地了解国家的新农村建设政策，从而更好地运用政策加快发展。了解国家政策的渠道主要有报纸、广播、电视、电话、网络、宣传栏、标语、村务公开栏等。

电视具有声像同播的优势，节目内容现场感强，广大农民普遍乐意通过电视获取外部信息，了解国家政策；观看新闻节目是多数农民了解国家政策的主要渠道，有关调查显示，有 96.1% 的被访农民是通过电视来了解国家政策的。电视台灵活、快速的电视节目也是吸引农民朋友选择电视作为了解国家政策首选途径的重要原因。如，中央电视台的新闻联播和各省（自治区、直辖市）电视台的新闻频道都是群众首选的政策窗口；中央电视台 7 频道的农广天地、聚集三农、每日农经、科技苑、乡约、乡村大世界等相关栏目，以及各省（自治区、直辖市）电视台的农科频道，除宣传党和政府的政策外，还及时宣传介绍致富信息、生产经验，受到广大农民朋友热烈欢迎。

作为电视、电台、广播的有益补充，村干部、宣传栏、标语、村务公开栏等也是农民了解国家政策的途径。目前，村务公开栏在农村相当普及，对村里和群众的热点难点问题及时公开，使村民对政务一看就清楚、明白。

随着农村经济条件的好转和电脑及网络设备的普及，电脑网络逐步成为农村居民了解国家政策的重要途径之一。

二、运用政策加快发展

社会主义新农村建设是党和国家提出的新时期统筹城乡发展，全面建设小康社会的重大战略决策。“生产发展、生活宽裕、乡风文明、村容整洁、管理民主”的要求和“多予、少取、放活”的方针涵盖面广，内容极为丰富，为农村建设发展提供了广阔的空间。充分运用好新农村建设政策，加快农村建设与发展，这需要乡镇政府、村两委和农民群众共同努力。

1. 乡镇政府

乡镇政府是最贴近农村的基层政府组织。在新农村建设过程中，直接将上级政府的各项方针政策宣传、贯彻、落实到农村。在新农村建设过程中，乡镇政府首先要学习并宣传好有关政策。社会主义新农村建设是在我国经济社会发展进入新的历史时期提出来的，无论在背景依据、深刻内涵、目标要求、现实意义以及建设措施等方面都与以往的“新农村建设”有很大的不同，广大农民群众要深入认识和准确把握还存在不少的困难。乡镇政府要认真组织全乡镇村党员干部认真学习相关政策，及时把上级精神传达到广大农民群众中去，使他们对新农村建设的方针政策有清醒的认识，并把这种认识化作自觉的行动。其次，要指导村庄科学进行新农村建设规划。将上级政府做出的统筹规划结合本乡镇实际做出地方特色的具体规划，制订出本辖区内新农村建设任务轻重缓急、阶段划分、步骤策略和人财物力的组织等。同时要和农民一起进行各村庄具体的新村建设规划，发挥具体指导的作用。第三，要加强农民培训，提高农民素质。新农村建设需要高素质的新型农民和具有一定科学管理素质的村干部。乡镇政府有义务组织农民和村干部的培训，提高他们的素质和自我发展的能力，促进新农村建设。

2. 村干部

村干部是我国社会主义新农村建设的直接推动者、组织者和实践者。在新农村建设进程中，村干部要加强对国家政策、治村方略的学习，更新思想观念，提高协调与依据农村实际开展工作的能力，为早日实现新农村建设目标作出贡献。在村干部中，村党支部书记是新农村建设的一线指挥员，应全面提高“五种能力”，即带头学习、执行政策的能力，带头致富、带领群众致富的能力，发扬民主、善于集中的能力，化解矛盾、促进和谐的能力，管好自身、带好队伍的能力，真正担当起新农村建设的“领头雁”。

3. 大学生村官

近年来，大学生“村官”成为支持农村发展的新鲜生力军，大学生政治觉悟、文化水平高，在新农村建设过程中要充分发挥村干部和农民群众学习的引导者、政策的解读者、发展的协助者作用，团结带领广大群众建设新农村。

4. 农村社会组织

充分发挥农村社会组织的作用，为新农村建设注入力量。农村社会组织主要是指农村中的农民协会、研究会、农技协会、联合会、促进会、研究所、服务站、合作社等合作组织。新农村建设过程中要以《农民专业合作社法》实施为契机，建立联席会议制度，加强统筹协调力度，强化建章立制工作，规范登记注册、财务管理、议事决策制度，研究扶持配套政策，促进农民专业合作经济组织健康有序发展。以优势产业和特色产品为依托，因地制宜，多渠道、多形式、多层次地推进专业合作组织建设，促进生产服务型、产销结合型和生产、加工、销售一体型等多种形式的农民专业合作组织快速发展，培育壮大一批产品特色鲜明、带动农户面广、市场竞争力强、运行机制健全的示范性农村专业合作经济组织，使农村专业合作经济组织成为组织农民、富裕农民，连接产、加、销的桥梁和纽带。农村社会组织要为农民提供服务，推动农村经济、政治和社会的发展壮大，在新农村建设中发挥越来越大的作用。

5. 农民

农民是新农村建设的直接受益者，更是新农村建设的主体。农民群众要摈弃传统思维定势影响下小富即安、小进则满的小农意识，主动通过报刊、广播、电视、互联网等各种途径，积极学习领会新农村建设的主要任务、政策措施和美好蓝图，激发新农村建设的主人翁精神，把建设新农村的热切期望转化为实际行动，积极参与到社会主义新农村建设中来。要通过自主学习和上级组织的培训，不断提高参与意识，提高利用科学技术进行农业生产的能力，提高自主创业的能力，提高外出务工就业技能，同时要不断提高组织化程度，实现农业产业化、专业化和协作化，增强抵御自然、市场风险的能力。

三、运用政策维护权益

1. 新农村建设中需维护好农民合法权益

社会主义新农村建设是惠及亿万农民群众的系统工程，在新农村建设中必须把维护好广大农民群众的合法权益放在重要位置。当前需维护好的农民合法权益主要包括以下方面：

一是土地财产权。要坚持农村基本土地政策和土地基本经营制度不动摇，坚持最严格的土地管理制度，建立土地征收征用的合理补偿机制和农民的生计安置办法，切实保护农民的土地承包收益权。

二是生存权和受教育权。让每个处于义务教育阶段的农民子女都能上得起学，让每个患病的农民都能得到及时医疗，切实保护农民的生存权和受教育权。

三是农民工平等权。对待农民工要一视同仁，强化管理，完善服务，加强农民就业服务和权益保障，清理取消各种歧视性规定和不合理限制，加强就业培训和职业安全卫生保护，探索农民工的医疗保障和养老保险办法，为农民工提供子女上学等公共服务，切实保护农民工的合法权益。

四是要切实减轻农民负担。切实把减轻农民负担与加强财政对“三农”投入、发展农村经济结合起来，建立新型的农村公共事业投入机制，务必防止农民负担反弹。

五是公共财政均等享有权。要按照公共服务均等化的原则，扩大公共财政覆盖农村的范围，不断增加投入，加快改变农村生产生活条件和整体面貌，让农民平等享受公共财政的阳光。

六是民主权利。建立健全村党组织领导下的村民自治机制，坚持和完善民主选举、民主决策、民主管理和民主监督，完善村民“一事一议”制度，开展村务公开民主管理示范活动，让农民群众真正享有知情权、参与权、选择权和监督权。

2. 农民维护自身权益的主要途径

在我国，农村人口占大多数，但是在维护自身合法权益的问题上，他们又是我国目前规模最大的弱势群体。近年来，农民作为日常用品和农业生产资料消费者、土地承包使用者、劳动力的出卖者，经济权利被剥夺、政治权利被侵犯、人身自由受限制、农民工合法权益受损害等事件时有发生，同时，由于农村人口缺乏必要的法律知识和维权意识，农民的合法权益遭受侵害时或者不知道如何维护，或者采取方式不当造成事态恶化，极大地影响了社会稳定。农民要维护自身的合法权益，首先要加强学习，了解有关法律知识，了解自身享有的权利及维护途径，在法治的轨道内解决矛盾和纠纷，以避免为维权却失权事件甚至悲剧的发生。

农民维护自身权益的主要途径有协商、投诉、申诉、仲裁、诉讼、寻求法律援助等。

协商：农民在购买种子、农药、化肥、农机具等物资时受骗遭受损失时，可与有关经营者协商和解，这种方式适用于标的较小的纠纷或信誉较好的经营者。

投诉：投诉是顾客对待经营者提供的产品或服务不满意的一种集中表现，它是维护自身利益的有效手段。农民在购买种子、农药、化肥、农机具等物资时受骗遭受损失的，可以到相关经营部门及其主管部门投诉，或向消费者协会投诉；农民工在职业中介机构被骗或者被用人单位侵权的，可以到当地劳动保障监察机构投诉。

申诉：是向有关行政部门申诉，这要根据具体情况向工商、质检、环保、卫生、物价等行政管理部门提出申诉，请求处理。

申请仲裁：农民在购买种子、农药、化肥、农机具等物资时受骗遭受损失较大与有关经营人员、经营部门或其主管部门发生争议的，以及农民工与用人单位发生劳动争议的，可以到当地劳动仲裁委员会申请仲裁。

诉讼：诉讼在普通老百姓口中叫做“打官司”。所谓诉讼是指国家司法机关在案件当事人和其他诉讼参与人的参与下，以事实为根据，以法律为准绳，办理刑事、民事、行政案件所进行的一种活动。对仲裁结果不服的，可以向当地人民法院提起诉讼；到劳动保障部门投诉或申请工伤认定、要求支付社会保险待遇等，如果劳动保障部门有关机构拖着不办，或者对其处理结果不服的，可以申请行政复议或向当地人民法院提起诉讼。所有通过其他方式和途径无法解决的争议，都可以通过司法诉讼途径加以解决。

寻求援助：农民朋友如果遇到一些复杂的官司，对法律问题搞不懂的时候，可以到当地工会、妇联、共青团组织、当地新闻媒体、法律援助中心等部门寻求帮助；如果想了解劳动保障政策，或者遇到具体问题需要咨询的时候，可以拨打“12333”免费劳动保障政策咨询热线电话，工作人员会给您详细的解答。有的地区还开通了“三农”维权热线、“农民工”维权热线、维权网等，为农民维权提供了方便快捷的途径。

第二章　农村土地使用政策

【相关政策】

1.《中共中央关于推进农村改革发展若干重大问题的决定》（2008年10月12日中国共产党第十七届中央委员会第三次全体会议通过）

2.《中华人民共和国物权法》（2007年10月1日起施行）

3.《关于加强农村宅基地管理的意见》（国土资源部，2004年11月）

4.《中华人民共和国土地管理法》（修订，2004年8月28日起施行）

5.《中华人民共和国农村土地承包经营权证管理办法》（2004年1月1日起施行）

6.《中华人民共和国农村土地承包法》（以下简称《土地承包法》，2003年3月1日起实施）

7.《基本农田保护条例》（1999年1月1日起施行）

图2－1　善待土地（新华网图片）

第一节　农业用地使用政策

一、土地承包政策

1.《土地承包法》的主要内容是什么

《中华人民共和国农村土地承包法》经九届全国人大常务委员会第二十九次会议审议通过，2003 年 3 月 1 日起正式实施。该法共五章六十五条，对农村土地承包的主要方面都做出了法律规定。主要包括以下方面：

（1）我国农村土地的基本经营制度

《土地承包法》明确规定国家实行农村土地承包经营制度，实行家庭承包和其他承包方式。

实行家庭经营是农业经营的基本方式。实行农户家庭承包经营，加上社会化服务，能容纳不同水平的生产力，不存在因为生产力发展就要改变农户家庭经营的问题。

（2）土地承包的主管部门

《土地承包法》规定了土地承包的主管部门和他们在管理上的职责，以后在土地承包中发生了纠纷和矛盾，可以去找他们解决。

（3）发包方和承包方的权利和义务

对承包方的权利规定有：1）依法享有承包地使用、收益和土地承包经营权流转的权利，有权自主组织生产经营和处置产品；2）承包地被依法征用、占用的，有权依法获得相应的补偿。

（4）承包的原则和程序、承包期限和承包合同

《土地承包法》体现了民主协商、公平合理的原则。承包应当按照规定的程序进行。耕地的承包期为 30 年。草地的承包期为 30 年至 50 年。林地的承包期为 30 年至 70 年；特殊林木的林地承包期，经国务院林业行政主管部门批准可以延长。发包方应

当与承包方签订书面承包合同。承包方自承包合同生效时取得土地承包经营权。

（5）土地承包经营权的保护

承包期内发包方不得收回承包地，承包期内发包方不得调整承包地。土地承包经营权受法律保护，这是《土地承包法》中的关键内容。以后谁要是再剥夺或者非法限制农民承包土地的权利，农民就可以拿起法律的武器保护自己。

（6）土地承包经营权的流转

按照中央积极稳妥搞好农户承包地流转的要求，法律明确“通过家庭承包取得的土地承包经营权可以依法采取转包、出租、互换、转让或者其他方式流转”；明确土地承包经营权流转应当遵循平等协商、自愿、有偿的原则，任何组织和个人不得强迫或者阻碍承包方进行土地承包经营权流转，不得改变土地所有权的性质和土地的农业用途。

（7）妇女土地承包权益

《土地承包法》明确“承包期内，妇女结婚，在新居住地未取得承包地的，发包方不得收回其原承包地；妇女离婚或者丧偶，仍在原居住地生活或者不在原居住地生活但在新居住地未取得承包地的，发包方不得收回其原承包地”。这在法律上保障了妇女的平等权益。

（8）家庭承包以外进行的农村土地承包经营权

荒山、荒沟、荒丘、荒滩等可以直接通过招标、拍卖、公开协商等方式实行承包经营，也可以将土地承包经营权折股分给本集体经济组织成员后，再实行承包经营或者股份合作经营。

2. 当前土地承包中存在哪些纠纷，怎么办

（1）土地承包纠纷的种类

1）机动地纠纷。机动地是发包方在发包土地时，预留的不作为承包地的少量土地，用于解决承包期内的人地矛盾、人口变化、户口迁移等需要调整土地的问题。有的村组却把机动地作为增加集体收入的工具，有的以发包土地的方式来清偿村组债务，

甚至一些村组干部利用机动地谋取私利。根据《土地承包法》的规定，机动地面积不得超过本集体经济组织耕地总面积的5%。而一些村组擅自扩大机动地的范围，以获取额外的利益，损害了农民群众的利益。在发包机动地的过程中，往往操作不规范，产生的纠纷矛盾较多。

2）群体诉讼。一些村组干部在发包过程中，搞暗箱操作，根据亲疏远近确定不同的承包费标准，损害其他村民的利益，引发纠纷。原任村组干部与新任村组干部之间的矛盾也会引发群体诉讼，有的"下台"村组干部，因为利益冲突而寻找借口组织群众上访。

3）村组当被告。主要原因在于村组干部在发包土地过程中，单方随意决定提高承包费标准，有的将一块地多头发包，前一合同没有依法解除的情况下，即将土地发包给他人，导致承包户之间发生冲突。还有的村组干部调整后，随意撕毁或修改以前的承包合同、随意调整承包土地的面积、范围，从而导致纠纷。

4）争抢承包地。一些自行将土地进行流转的农户纷纷将土地收回，在二轮土地承包中没有分到土地的农民，也提出包地要求。有的村民小组进行了合并，由于合并前的小组每户承包土地面积不同，合并后有的村民要求重新分地。加上集镇建设、招商引资等征地面积的增加，导致土地资源紧张。农民之间为争夺土地承包权、确定承包土地的界址、承包土地被征用后补偿费的分配等而发生纠纷。

（2）土地承包纠纷有哪些主要原因

1）发包人的主体资格混乱。《土地承包法》规定，"已经分别属于村内两个以上农村集体经济组织的农民集体所有的，由村内各农村集体经济组织或者村民小组发包。村集体经济组织或者村民委员会发包的，不得改变村内各集体经济组织农民集体所有的土地的所有权。"目前，大多数地方的土地归村民小组所有。但在发包过程中，有的是村发包，有的是组发包，还有的村委会、村民小组将同一块地分别承包给不同的村民，造成矛盾。根据《土地承包法》的规定，村民小组可以作为发包人。村民委员会发包的，也不得改变村民小组对土地的所有权。

2）承包合同不规范。有的承包合同内容简单，缺少合同的主要条款，有的承包合同只明确了地块的名称，但对承包面积、承包期限都没有约定，容易导致发生纠纷。有的发包时间过长、面积过大，有的机动地承包时间长达50年、70年，使机动地根本无法“机动”。有的承包费规定过低，有的土地承包合同在签订时比较草率，特别是有的农民不识字，在签订合同时，由他人代订合同。一旦发生纠纷，会以其没有在合同上签字为由反悔。

3）发包程序不规范。根据《土地承包法》第18条的规定，土地承包方案应当依法经本集体经济组织成员的村民会议三分之二以上成员或者三分之二以上村民代表的同意。但有的村组在发包土地时，没有召开18周岁以上的全体村民会议，也未经三分之二以上的村民代表同意，即将土地随意进行发包，虽然有的也签订了承包合同，但这样的合同应属无效。只有在外出人员较多或者村民居住分散，全体村民会议难以召集的情况下，才可以采取召开村民代表会议的形式讨论。对土地发包权属于村民小组的，民主议定的范围应当是该村民小组。

4）违背公平诚信原则。有的承包人擅自改变承包土地的用途，如将承包的土地用于取土、挖沙、挖石、采矿、建房、建厂，破坏土地种植的条件，给承包地造成永久性的损害。有的发包方随意变更、解除承包合同引起纠纷；有的村组看到承包人收益较大以后，即以承包费太低为由提高承包费标准，如果承包人不同意，则将土地重新发包。有的承包合同尚未到期，村组干部即以种种理由要求解除，或要求调整。有的干部根据个人好恶、亲疏远近擅自进行发包，有的干部个人仗权承包，或者在丈量土地时标准不一，引起村民的不满。

（3）如何预防土地承包纠纷

1）增强法律意识。土地承包涉及《土地承包法》、《合同法》等一系列法律法规，广大农民可以通过学习法律维护自身的合法权益。村组干部应当增强依法办事的意识，尤其应当注意不干涉承包方依法享有的生产经营自主权、不随意收回、调整承包地、不干涉土地承包经营权的合法流转、不将承包地抵顶欠款、不损害妇女依法享有的土地承包经营权、保留机动地面积不能超过5%，不足5%的，也不得再增加机动地。

2）发挥合同作用。土地承包合同是发包人与承包人之间签订的具有法律效力的协议，一经签订，当事人就应依法遵守，依照诚实信用的原则履行合同。要通过合同保护农民的土地承包权。承包合同应当具备主要条款，包括：合同当事人的名称、承包土地的地块名称、坐落、面积、质量状况、承包期限、双方的权利和义务、违约责任、争议解决等。农村土地承包合同管理部门要加强对承包合同的指导与管理，可以推广、使用合同示范文本，规范土地承包签约行为。承包合同生效后，发包方不得因承办人或者负责人的变动而变更或者解除，也不得因集体经济组织的分立或者合并而变更或者解除。承包期内，发包方不得单方面解除承包合同，不得假借少数服从多数强迫承包方放弃或者变更土地承包经营权，不得以划分“口粮田”和“责任田”等为由收回承包地搞招标承包，不得将承包地收回抵顶欠款。

3）确保程序公正。订立土地承包合同应当公开、公正，及时向村民公布土地承包的有关信息，让农民享有知情权，不搞暗箱操作。严格发包程序，首先应当通过村民会议选举产生承包工作小组，由工作小组拟订并公布承包方案，由村民会议讨论通过后再组织实施、签订合同。承包方案应当村民会议三分之二以上成员或者三分之二以上村民代表的同意，符合民主议定原则。承包合同签订后，应当将土地承包经营权证书发放到户。因为种种原因没有发放的，应当及时补发。

4）妥善处理争议。《土地承包法》已经明确了仲裁的解决方式，一般是在农村承包合同管理部门设立农业承包合同纠纷仲裁委员会。以仲裁的方式解决纠纷，能够及时有效化解矛盾。对承包合同纠纷，乡村组织应当及时进行调解。特别是要发挥民调组织的作用，民调组织调解的协议具有民事合同的效力。对矛盾较大的纠纷，当事人可以向人民法院提起诉讼，通过法律途径予以解决。

3. 常见土地承包纠纷的解决方法

（1）妥善解决农村土地承包纠纷的原则

依照《土地承包法》和中央关于稳定完善农村土地承包关系的一系列政策，农民拥有法律赋予的长期而稳定的土地承包经营权。法定承包期内，任何组织和个人不得干预农民的生产经营自主权，不得违法调整和收回承包地，不得违背农民意愿强行流转承包地，不得非法侵占农民承包地。

（2）外出务工农民的土地承包经营权如何保护

对外出农民回乡务农，只要在土地二轮延包中获得了承包权，就必须将承包地还给原承包农户继续耕作。乡村组织已经将外出农民的承包地发包给别的农户耕作的，如果是短期合同，应当将承包收益支付给拥有土地承包权的农户，合同到期后，将土地还给原承包农户耕作。如果是长期合同，可以修订合同，将承包地及时还给原承包农户；或者在协商一致的基础上，通过给予或提高原承包农户补偿的方式解决。对外出农户中少数没有参加二轮延包、现在返乡要求承包土地的，要区别不同情况，民主协商，妥善处理。如果该农户的户口仍在农村，原则上应同意继续参加土地承包，有条件的应在机动地中调剂解决，没有机动地的，可通过土地流转等办法解决。

（3）能否将欠缴税费或土地撂荒农户的承包地收回

任何组织和个人不能以欠缴税费和土地撂荒为由收回农户的承包地，已收回的要立即纠正，予以退还。对《土地承包法》实施以前收回的农户撂荒承包地，如农户要求继续承包耕作，原则上应允许继续承包耕种。如原承包土地已发包给本集体经济组织以外人员，应修订合同，将土地重新承包给原承包农户；如已分配给本集体经济组织成员，可在机动地中予以解决，没有机动地的，要帮助农户通过土地流转，获得耕地。

(4) 对强迫农民流转承包地的做法如何处理

强迫农民流转承包土地的，流转关系无效，侵害承包方土地承包经营权的责任人应当承担民事责任，对擅自截留、扣缴流转收益的行为应予查处并退还款项。乡村组织应将被强迫流转的承包地归还原承包农户，由其自主决定是否继续流转。

(5) 对占用基本农田种树等问题怎样解决

市、县、乡（镇）政府未经承包农户同意，与企业签订的承包、租赁或提供农民集体土地特别是基本农田植树的合同，属无效合同，应予废止。林业部门不得颁发林权证，已颁发的要立即收回并注销。已经植树的，当地政府应做好工作，限期将其移植至非基本农田；在规定期限不能移植的，允许农民拔树种田。对企业没有与农户直接签订合同却占用农户承包的非基本农田植树的，应由企业与农民协商是否继续种树。农户不愿意种树的，可比照基本农田植树的处理办法办理。

(6) 农民出售房屋后能否再申请占地建房

村民出卖房屋后不能再申请宅基地。根据我国《宪法》和《土地管理法》的规定，农村土地，除法律规定属于国家所有的以外，统归集体所有，农民对集体土地仅享有使用权，而无所有权。也就是说，宅基地是村民在符合条件的情况下无偿取得的，宅基地并不归农民所有，而是仅归农民使用。我国《土地管理法》第六十二条和国土资源部颁布的《关于加强农村宅基地管理的意见》第五条均规定：农村村民一户只能拥有一处宅基地，农民将住宅出卖、出租后再申请宅基地的，不予批准。同时，根据法律规定，农村宅基地由乡政府审核，县政府批准，村里没有批准的权利。

二、土地承包经营权流转政策

1. 法律政策依据

十七届三中全会决定指出，“以家庭承包经营为基础、统分结合的双层经营体制，是适应社会主义市场经济体制、符合农业生产特点的农村基本经营制度，是党的农村政策的基石，必须毫不动摇地坚持。赋予农民更加充分而有保障的土地承包经营权，现有土地承包关系要保持稳定并长久不变。”2009 年中央一号文件进一步指出，“强化对土地承包经营权的物权保护，做好集体土地所有权确权登记颁证工作，将权属落实到法定行使所有权的集体组织；稳步开展土地承包经营权登记试点，把承包地块的面积、空间位置和权属证书落实到农户，严禁借机调整土地承包关系，坚决禁止和纠正违法收回农民承包土地的行为。加快落实草原承包经营制度。”《土地承包法》以法律的形式，赋予农民长期稳定的土地承包经营权，使之成为一种独立的物权。

《土地承包法》规定：“国家保护承包方依法、自愿、有偿地进行土地承包经营权流转”、“承包期内，承包方可以自愿将承包地交回发包方”、“通过家庭承包取得的土地承包经营权可以依法采取转包、出租、互换、转让或者其他方式流转”，为农民承包地流转提供了法律依据。因此，土地流转选择权是农户依法享有土地承包经营权的具体体现，农民对承包土地的流转选择意愿应该得到保障。承包地流转与否、流转给谁、流转价格、流转形式等均应由拥有承包权的农民与受让方平等、自愿、协商确定，这是农村土地流转得以顺利进行的基础。

十七届三中全会决定指出，“完善土地承包经营权权能，依法保障农民对承包土地的占有、使用、收益等权利。加强土地承包经营权流转管理和服务，建立健全土地承包经营权流转市场，按照依法自愿有偿原则，允许农民以转包、出租、互换、转让、股份合作等形式流转土地承包经营权，发展多种形式的适度规模经营。有条件的地方可以发展专业大户、家庭农场、农民专业合作社等规模经营主体。土地承包经营权流转，不得改变土地集体所有性质，不得改变土地用途，不得损害农民土地承包权益。”

2009 年中央一号文件提出，“坚持依法自愿有偿原则，尊重农民的土地流转主体地位，任何组织和个人不得强迫流转，也不能妨碍自主流转。按照完善管理、加强服务的要求，规范土地承包经营权流转。鼓励有条件的地方发展流转服务组织，为流转双方提供信息沟通、法规咨询、价格评估、合同签订、纠纷调处等服务。”

2. 农村土地承包经营权流转有哪些好处

（1）有利于农业结构调整，促使土地向优势农业行业如畜牧业、水果业集中，提高农业效益。

（2）有利于优化农村劳动力结构，促进劳动力向非农产业转移，增加农民收入。

（3）有利于降低农产品成本，提高农业竞争力。土地流转为土地相对集中、实行规模经营提供了条件。

（4）有利于加快传统农业向现代农业转化，提高农业生产效率。

（5）有利于农业增效、农民增收，实现共同富裕。农民承包地在确认使用权不变的基础上合理流动，并适度集中，有利于提高土地的使用效率，提高农业经济效益，提高农业经营者的收入。而流出承包地的农户也能更好地从事二、三产业，提高收入。

3. 土地流转有哪些形式

土地流转的形式多样，是各地根据当地农业资源状况、农业生产力发展水平和农民群众的意愿，因地制宜，积极探索形成的，今后还将有更多新型的土地流转形式出现。

（1）托管。一些外出打工或从事二、三产业的农户，将承包的土地部分或全部委托给亲友管理。这种形式几乎都是口头协议，且一年一定。他们都是两户互相协商，都不经发包方办理任何手续。这种形式简单明了、手续简便，成为当前土地流转中最为普遍的一种形式，解决了农村青壮年临时外出打工、家中无劳动力从事农业生产的问题。

（2）转包。农户把自己承包的土地承包经营权，部分或者全部转交他人，转包后原承包者仍按原承包合同规定履行义务，转包条件和利益关系双方协商，达成口头协议或书面协议，一般时间较短，不用经过发包方。这种形式也是主要形式。

（3）土地互换。这种形式是户与户之间为方便耕作，将原承包地块互相兑换，兑换条件和附带的利益关系及补偿等，双方协商。这种形式比较少。

（4）租赁。农户将承包土地的经营权租赁给他人，获得租金。承租方一次性或分期付给出租方租赁金。这种形式也是目前比较多的。

（5）股份合作。农户将承包土地的经营权折价入股，实行股份合作经营。

（6）反租倒包。在农户自愿的前提下，农村集体经济组织将承包给农户的土地经营权有偿租赁过来，再租赁或发包给专业大户、企业经营，农村集体经济组织向原承包农户支付土地经营权的租金。这种形式在具体实践中有不同的操作形式。

4. 土地流转过程中存在什么问题

（1）违背自愿原则，强制流转。如个别地区为了片面地追求农业规模经营和村集体经济发展，随便改变土地承包关系，用行政手段将农户的承包地转租给企业经营，严重影响了农民正常的生产和生活；有的地区为了降低开发成本，更多地招商引资，借土地流转之名，随意改变土地的农业用途，并强迫农民长时间、低价出让土地经营权。

（2）手续不健全。农户之间流转往往以口头协议的形式进行，口头合同稳定性差，双方利益无法受到法律保护，不便于管理，而且也为以后产生不必要的纠纷留下了隐患。口头协议的随意性造成承包方缺乏长期经营的打算，舍不得增加投入，积极性不高。

（3）社会保障不完善。在农村，土地具有社会保障和就业功能，而当前农村社会保障机制尚未形成，农民又无法取得城市的社会保障，决定了农民不肯轻易离开土地，农民把土地作为命根子来看待，认为有了土地，生活就有退路，即使从其他行业赚不到钱了还可以回来种田，将来年纪大了，还可依靠土地养老，心里踏实。也有少数农民认为土地将来会私有化，土地就成为自己的了，如果现在不争取承包地，将来一无所有。所以农民在从事非农产业经营后，宁可粗放经营，甚至不惜撂荒弃耕，也不愿转出承包地。

（4）流转价格低廉。当前虽然政策允许有偿流转，但是流转价格比较低，流转得不到较高的收入，许多农民宁愿守着，不急于流转。农户承包村集体耕地作为一种福利，所以支付的承包款也很低，加上目前放开了粮食购销体制，对抛荒也不再有强制性措施，经营土地的固定成本很低，因此，许多农民不急于流转。

（5）流转中介服务组织不健全。目前，大多数地方还没有中介服务组织在供求主体之间架起桥梁，信息不灵，往往出现转让者找不到合适的受让者，而需要土地的人则又找不到有承包地的出让者，这就制约了流转。

5．如何促进土地流转

（1）加强宣传引导。加大对土地流转政策的宣传力度，使广大农村干部群众认识到土地流转不是对农村家庭承包制的否定，而是在长期稳定家庭承包制的基础上搞活承包地，使承包地流向种田能手和其他现代农业经营者集中，是提高土地资源的配置效率和规模效益的重要措施，有利于农业增效，促进农村社会经济发展，符合广大农民的长远利益和根本利益。

（2）建立中介组织提供服务。建立中介服务组织，为农户之间流转土地提供平台。农户如需要流转出土地但一时难以找到合适对象的，可求助于中介组织；中介组织将收集到的土地供求信息通过报纸、电视、互联网等媒介向社会发布，牵线搭桥。

（3）充分发挥村集体经济组织的作用。村集体经济组织作为发包方，其在土地流转中有着不可替代的作用，只要发挥的好，可以避免许多因土地流转而产生的纠纷，也可以进一步促进土地流转的发展。由村集体经济组织出面协调、帮助农户签订规范的流转协议，流出与流入双方的权益就可得以保障，避免土地流转纠纷；帮助需要流入土地的工商业主、龙头企业等种植大户与众多农户谈判，可以降低谈判成本；由村集体经济组织出面为农户向流入土地的大户收取租金，可以降低农户经济风险；由村集体经济组织出面牵线搭桥，可以克服因没有土地流转中介组织和交易网络导致土地供需信息不灵，流转困难的问题。

（4）健全农村社会保障。推进农村社会保障制度改革，逐步将农村的社会保障由依靠承包地转为依靠社会和制度，包括养老、医疗、生育、伤残等保障，解决农民的后顾之忧。

（5）开展农民培训工程，提高农民的素质，提高非农就业能力，让更多的农民离开土地，为土地流转创造条件。

6. 国家如何规范土地流转

2009年中央一号文件强调，进一步规范农村土地承包经营权的流转。对于农民承包土地在依法自愿有偿的前提下，允许流转，这个政策由来已久。所谓要规范，就是要重申过去的法律和政策，必须让农民自愿地选择，任何人不能强迫农民去流转土地，或者阻止不让农民自愿地流转土地。

按照这个要求，在土地流转过程中，一号文件强调要做好两方面的工作：一是要严格地落实十七届三中全会提出的土地流转必须做到三个“不得”，就是土地流转不得改变土地的所有权，不得改变土地的用途，不得损害承包方的利益；二是有关部门要加强给农民土地流转服务的管理，让农民知道谁要转让出土地来，谁有承包别人土地的愿望和要求，并且依照法律规范地签订合同，按照国家的有关法律来加强对土地流转的管理。在这个基础上，让农村土地承包经营权的流转市场能够健康地发展。

三、耕地质量保护政策

1. 什么是耕地质量保护

耕地的质量内容包括耕地用于一定的农作物栽培时，耕地对农作物的适宜性、生物生产力的大小（耕地地力）、耕地利用后经济效益的多少和耕地环境是否被污染四个方面。

2. 加强耕地质量保护的政策

我国历来高度重视耕地质量的保护与提高，2007 年中央一号文件提出，“切实提高耕地质量”。要强化和落实耕地保护责任制，切实控制农用地转为建设用地的规模。合理引导农村节约集约用地，切实防止破坏耕作层的农业生产行为。加大土地复垦、整理力度。按照田地平整、土壤肥沃、路渠配套的要求，加快建设旱涝保收、高产稳产的高标准农田。加快实施沃土工程，重点支持有机肥积造和水肥一体化设施建设，鼓励农民发展绿肥、秸秆还田和施用农家肥。扩大土壤有机质提升补贴项目试点规模和范围。增加农业综合开发投入，积极支持高标准农田建设。

2008 年，中央在一号文件中提出，要“加强耕地保护和土壤改良”。要求严格执行土地利用总体规划和年度计划，全面落实耕地保护责任制，建立和完善土地违法违规案件查处协调机制，切实控制建设占用耕地和林地。提出土地出让收入用于农村的投入，要重点支持基本农田整理、灾毁复垦和耕地质量建设。继续增加投入，加大力度改造中低产田。加快沃土工程实施步伐，扩大测土配方施肥规模。支持农民秸秆还田、种植绿肥、增施有机肥。加快实施旱作农业示范工程，建设一批旱作节水示范区。

2009 年中央一号文件进一步提出，“加快高标准农田建设”。要大力推进土地整治，搞好规划，统筹安排土地整理复垦开发、农业综合开发等各类建设资金，集中连片推进农村土地整治，实行田、水、路、林综合治理，大规模开展中低产田改造，提高高标准农田比重。继续推进“沃土工程”，扩大测土配方施肥实施范围。开展鼓励农民增施有机肥、种植绿肥、秸秆还田奖补试点。大力开展保护性耕作，加快实施旱作农业示范工程。

第二节　建设用地使用政策

一、宅基地的使用政策

1. 什么是农村宅基地

宅基地是指建了房屋、建过房屋或者决定用于建造房屋的土地，包括建了房屋的土地、建过房屋但已无上盖物，不能居住的土地以及准备建房用的规划地三种类型。

2. 宅基地有何法律特征

1）集体所有。我国《宪法》规定："城市的土地属于国家所有，农村和郊区的土地，除由法律规定属于国家所有的以外，属于集体所有，宅基地和自留地、自留山，也属于集体所有"。

2）使用主体特定。即特定的宅基地仅限本集体经济组织特定的成员享有使用权。农村村民申请宅基地只可向本集体经济组织提出，特定村民申请取得宅基地后只可自己建房不可将其出卖、转让。

3）一户一宅。《土地管理法》第62条第1款规定，"农村村民一户只能拥有一处宅基地，其宅基地的面积不得超过省、自治区、直辖市规定的标准。"如果一户农民拥有了两处以上宅基地当然就构成违法。

4）不可流转性。特定村民申请取得宅基地后只可自己建房，不可将其出卖、转让，也不可以抵押。

3. 农村宅基地能否继承和买卖

1）宅基地能否继承。答案是否定的，按照法律规定是不可以的。但是宅基地上有房屋，森林的除外。

2）宅基地私自买卖是否有效。宅基地未经变更登记自行转让无效。

因农村村民转让房屋而使宅基地使用权需转移的，必须依法到县级以上土地行政主管部门办理有关的变更登记手续，否则转让无效。村民转让房屋必须符合一户一宅的规定。

3）城里人是否可以购买宅基地。宅基地不得卖给城里人。1999年国务院办公厅《关于加强土地转让管理严禁炒卖土地的通知》明确规定，农民的住宅不得向城市居民出售，也不得批准城市居民占用农民集体土地建住宅，有关部门不得为违法建造和购买的住宅发放土地使用证和房产证。

4. 如何申请宅基地使用权

宅基地使用权，是指公民个人在依法取得的国家所有或农村集体组织所有的宅基地上建筑房屋并享有居住使用的权利，包括以下内容：

（1）依法取得。农村村民获得宅基地的使用权，必须履行完备的申请手续，经有关部门批准后才能取得。

（2）永久使用。拥有宅基地使用权的公民，使用权没有期限，由公民长期使用，长期不变。可在宅基地上建造房屋、厕所等建筑物，并享有所有权；在房前屋后种植花草、树木，发展庭院经济，并对其收益享有所有权。

（3）随房屋转移。宅基地的使用权依房屋的合法存在而存在，并随房屋所有权的转移而转移。房屋因继承、赠与、买卖等方式转让时，其使用范围内的宅基地使用权也随之转移。在买卖房屋时，宅基地使用权须经过申请批准后方可随房屋转移。

（4）受法律保护。依法取得的宅基地使用权受国家法律保护，任何单位或者个人不得侵犯。否则，宅基地使用权人可以请求侵权人停止侵害、排除妨碍、返还占有、赔偿损失。

《土地管理法》第62条规定：农村村民一户只能拥有一处宅基地，其宅基地的面积不得超过省、自治区、直辖市规定的标准。农村村民出卖、出租住房后，再申请宅基地的，不予批准。农村村民符合下列条件之一的可以申请使用宅基地：1）居住拥挤，宅基地面积少于规定的限额标准的；2）因结婚等原因，确需建新房分户的；3）原住宅影响村镇规划需要搬迁的；4）经县级以上人民政府批准回原籍落户，农村确无住房的：包括批准回乡定居的职工、离退休干部、复员退伍军人、回乡定居的华侨、港澳台同胞等非农业人口；5）县级以上人民政府规定的其他条件。

宅基地申请的基本程序，包括如下三个方面：1）需建住宅的村民向所在的村民委员会提出申请。2）村民委员会根据村镇规划，对宅基地申请进行审核，经村民会议或者农村集体经济组织全体成员讨论同意。3）经乡（镇）人民政府审查后，报县级人民政府土地行政主管部门审核，由同级人民政府批准。另外需引起注意的是，在申请宅基地使用权时，一定要根据所在地的有关具体规定先行申请，待批准后方可动工建设。

二、农村公共设施用地政策

1. 农村公共设施、公益事业建设用地法律依据

农村公共设施、公益事业建设用地法律依据主要是《土地管理法》第43条、44条、59条、60条、61条、62条。

2. 农村公共设施、公益事业建设用地审批手续

（1）乡（镇）村公共设施、公益事业建设用地审批程序包括：申请、受理、调查、审批（或上报）、发证等环节；

（2）申报材料包括：可行性研究报告批复；建设用地申请表；乡（镇）政府规划部门的规划意见及环境测评报告；乡（镇）政府审核意见；建设用地预审报告、建设用地规划许可证、勘测定界图或用地平面图；项目所在乡镇土地利用现状图与规划图；被收回单位资质证明或身份证明等。

3. 农村土地征用如何补偿

《土地管理法》规定，国家建设征用土地，由用地单位支付土地补偿费。征用耕地的补偿费用包括土地补偿费、安置补助费以及地上附着物和青苗的补偿费。

（1）征用耕地补偿费，为该耕地被征用前3年平均年产值的6~10倍。征用其他土地的补偿费的标准，由省、自治区、直辖市参照征用耕地的补偿费标准规定。

(2) 被征用土地上的附着物和青苗的补偿标准，由省、自治区、直辖市规定。征用城市郊区的菜地，用地单位应当按照国家有关规定缴纳新菜地开发建设基金。

(3) 国家建设征用土地，用地单位除支付补偿费外，还应当支付安置补助费。征用耕地的安置补助费，按照需要安置的农业人口数计算。需要安置的农业人口数，按照被征用的耕地数量除以征地前被征地单位平均每人占有耕地的数量计算。每一个需要安置的农业人口的安置补助费标准，为该耕地被征用耕地的安置补助费，最高不得超过被征用前三年平均年产值的10倍。征用其他土地的安置补助费标准，由省、自治区、直辖市参照征用耕地的安置补助费标准规定。但是，土地补偿费和安置补助费的总和不得超过土地被征收前三年平均年产值的30倍。

(4) 房屋拆迁的补偿方式可以实行货币补偿，也可以实行房屋产权调换的方式。对于货币补偿的金额，根据被拆迁房屋的区位、用途、建筑面积等因素，以房地产市场评估价格确定。具体办法由省、自治区、直辖市人民政府制定。

三、乡镇企业用地政策

1. 乡镇企业建设用地的法律规定

《土地管理法》对乡镇企业建设用地作出了明确规定，其中第43条规定："任何单位和个人进行建设，需要使用土地的，必须依法申请使用国有土地；但是，兴办乡镇企业和村民建设住宅经依法批准使用本集体经济组织农民集体所有的土地的，或者乡（镇）村公共设施和公益事业建设经依法批准使用农民集体所有的土地的除外。前款所称依法申请使用的国有土地包括国家所有的土地和国家征收的原属于农民集体所有的土地。"第59条又规定，乡镇企业建设应当按照村庄和集镇规划，合理布局，综合开发，配套建设；其用地应当符合乡（镇）土地利用总体规划和土地利用年度计划，并依照本法第44条、第60条、第61条、第62条的规定办理审批手续。

《乡镇企业法》第28条规定，“举办乡镇企业，其建设用地应当符合土地利用总体规划，严格控制、合理利用和节约使用土地，凡有荒地、劣地可以利用的，不得占用耕地、好地。举办乡镇企业使用农村集体所有的土地的，应当依照法律、法规的规定，办理有关用地批准手续和土地登记手续。乡镇企业使用农村集体所有的土地，连续闲置两年以上或者因停办闲置一年以上的，应当由原土地所有者收回该土地使用权，重新安排使用。”

2. 乡镇企业建设用地手续如何办理

乡镇企业建设用地手续办理的程序包括：（1）农村集体经济组织或者建设单位持有关建设项目批准文件，向市、县人民政府土地行政主管部门提出建设用地申请；（2）市、县人民政府土地行政主管部门对建设用地申请进行审查，提出审查意见；（3）按照省、自治区、直辖市规定的批准权限，报县级以上地方人民政府批准，其中，涉及占用农用地的，应先按照《中华人民共和国土地管理法》第44条的规定办理农用地转用审批手续；（4）建设用地经依法批准后，申请用地单位按照规定缴纳有关费用，占用耕地的，并履行开垦新耕地的义务；（5）工程项目竣工后，由市、县人民政府土地行政主管部门对用地和开垦耕地情况进行检查验收，合格后办理土地登记手续，核发《集体土地使用证》，确认建设用地使用权。

乡镇企业使用国有土地的，按照《土地管理法》关于使用国有土地的有关规定申请办理建设用地审批手续。

农村土地征用为乡镇企业用地的补偿办法参见公共设施用地的补偿办法。

第三章 村庄规划整治与民房建设政策

【相关政策】

1.《村庄整治技术规范》(GB 50445—2008,住房和城乡建设部,2008 年 8 月 1 日起施行)

2.《房屋登记办法》(住房和城乡建设部,2008 年 7 月 1 日起施行)

3.《中华人民共和国城乡规划法》(简称《城乡规划法》,2008 年 1 月 1 日起施行)

4.《国务院办公厅关于严格执行有关农村集体建设用地法律和政策的通知》(国办发[2007] 71 号,2007 年 12 月 30 日)

5.《关于加强农民住房建设技术服务和管理的通知》(建村[2006] 303 号,2006 年 12 月 14 日)

6.《中共中央国务院关于推进社会主义新农村建设的若干意见》(2005 年 12 月 31 日)

7.《关于村庄整治工作的指导意见》(建村[2005] 174 号,2005 年 9 月 30 日)

8.《关于加强农村宅基地管理的意见》(国土资发[2004] 234 号,2004 年 11 月 2 日)

9.《中华人民共和国土地管理法》(简称《土地管理法》,2004 年 8 月 28 日修订)

10.《村庄和集镇规划建设管理条例》(国务院,1993 年 11 月 1 日起施行)

第一节　村庄规划政策

一、村庄规划的地位和原则

1. 村庄规划在城乡规划中的地位

《中华人民共和国城乡规划法》规定："为了加强城乡规划管理，协调城乡空间布局，改善人居环境，促进城乡经济社会全面协调可持续发展，制定本法"。"本法所称城乡规划，包括城镇体系规划城市规划、镇规划、乡规划和村庄规划"。这就意味着，原来我国城乡二元的法律体系被打破，城乡规划步入一体化的新时代。

2. 村庄规划应遵循的原则

（1）因地制宜、突出特色原则

村庄规划和建设要有"乡土味"，要根据农村特点，突出农村特色，保护农村生态，体现农村风格。"一条马路向远方，两边两排小楼房；这个村和那个村差不多，这个乡和那个乡一个样。"这是一些群众评价一些地方新农村建设的现状。目前一些地方在制定村庄规划时，陷入了误区，把城乡一体化错误地理解成农村城市化，认为农村应该建设得和城市一样。农村规划设计失去了"农味"和"乡土味"，风土人情、田园风貌荡然无存。特别是一些地方随着撤乡并镇、移民并村，建成的新村被规划得整齐划一，千村一面，毫无个性。村庄规划应当按照"生产发展、生活富裕、乡风文明、村容整洁、管理民主"的社会主义新农村建设总目标，根据各地的实际情况制定。从农村实际出发，保存当地的乡村风貌，体现地方和农村特色，形成各具特色、整洁有序的新村风貌。

（2）自愿原则

各级政府组织要从根本上树立为老百姓服务的意识，尊重村民意愿，确立其在新农村建设中的主体地位，坚持政府引导和自愿相结合，不能强制农民执行。

（3）节约土地、保护耕地原则

“十分珍惜和合理利用每寸土地，切实保护耕地”是我国的一项基本国策。在村庄规划中要始终坚持节约用地和保护耕地的原则，充分利用荒地、差地和旧宅基地进行建设，整治“空心村”，积极引导散居民户和村落向集镇或中心村靠拢，遵循“农村村民一户只能拥有一处宅基地”的政策。

（4）注重生态、保护环境原则

在村庄规划整治过程中，不仅要改变农村面貌，提高生产力，更要注重保护生态环境。当前一些地方在新农村建设中，不吸取城市发展已有的教训，忽视了生态环境的保护，以致新农村成了新污染。在规划中，要因地制宜，灵活布置，保持农村特有的田园风光，享受大自然带给我们的无穷魅力，尽量做到不砍树、不推山、不填塘。

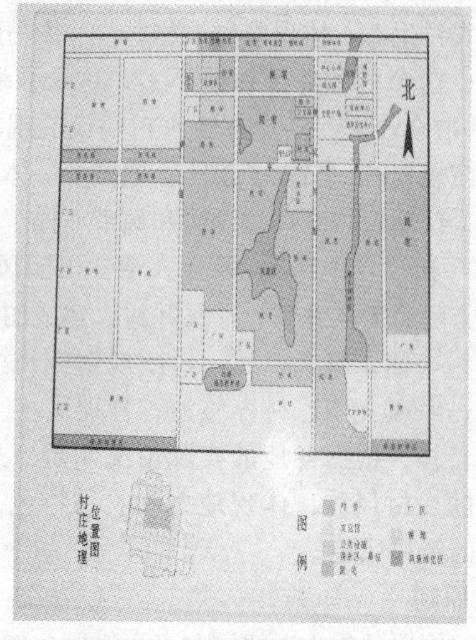

图 3-1　某村的村庄规划图

图 3-2　肥城市南仪仙新村

二、村庄规划的内容

《中华人民共和国城乡规划法》规定，村庄规划的内容应当包括：规划区范围，住宅、道路、供水、排水、供电、垃圾收集、畜禽养殖场所等农村生产、生活服务设施、公益事业等各项建设的用地布局、建设要求，以及对耕地等自然资源和历史文化遗产保护、防灾减灾等的具体安排。

三、如何参与村庄规划

1. 农民应如何参与村庄规划

许多农民由于受传统思想观念和生活习惯的影响，对新式农村的规划和建设容易产生怀疑和抵触情绪，这是一种正常的现象。实施农村建设规划，是个新生事物。但是，这个新生事物，无论是从当前还是从长远来看，都是符合农民切身利益的。因此，农民朋友应积极调整心态，加入到这个利己利国的村庄规划的行列中，使其通过自身的参与更体现基层农民的心声。农民是编制乡村建设规划的参与者，落实乡村建设规划的实践者，又是实现乡村建设规划成果的享受者。部分村民可以村民代表的形式参与到村庄规划的制定中，积极提出自己的意见和建议，切实保护自己的利益。

村庄规划编制归根到底就是要注重调查研究、发动公众参与、走群众路线。举个例子，在福建省上杭县古田镇苏家坡村村庄整治规划过程中，从规划的基础资料收集至规划方案完成的各个阶段，发动村民参与，广泛听取意见。村两委、老同志、村民代表积极参加座谈会，参与规划，自主意识强。为此，规划方按村民提出的意见、建议调整规划，体现了共同编制、商讨编制的特点，使规划更符合当地的生产、生活需要。其中三次座谈会的召开互动协商解决了许多具体问题，如（1）关于垃圾收运问题。规划方提供两个规划方案供村民选择，一种是采取在村范围内设几个垃圾池，群众自行送往倒放，集中清运；第二种是雇请专门的工人上门收集。通过讨论及征求村民意见，村两委同意采取第二种方案。（2）关于公厕选址问题，原规划在新村内设一公厕，后经村两委及村民代表提议，可结合旧址群维护需要一并建设公厕，既满足游客需要，又可以服务村民，规划最终采纳了这个意见。

2. 农民在村庄规划中有哪些权利

作为村庄规划的参与者，农民应充分了解自己的权利。《中华人民共和国城乡规划法》特别强调规划公开，特别重视民权民意的落实与表达，增强了人大监督和民众参与的环节。

（1）村庄规划在报送审批前，需要经村民会议讨论同意

乡、镇人民政府组织编制乡规划、村庄规划，报上一级人民政府审批。村庄规划在报送审批前，应当经村民会议或者村民代表会议讨论同意。

城乡规划报送审批前，组织编制机关应当依法将城乡规划草案予以公告，并采取论证会、听证会或者其他方式征求专家和公众的意见。公告的时间不得少于30日。

组织编制机关应当充分考虑专家和公众的意见，并在报送审批的材料中附具意见采纳情况及理由。

（2）城乡规划经批准后需要向社会公布

城乡规划经批准后应及时向社会公布，但法律、行政法规规定不得公开的内容除外。

（3）农民有权举报违反城乡规划的行为

任何单位和个人都应当遵守经依法批准并公布的城乡规划，服从规划管理，并有权就涉及其利害关系的建设活动是否符合规划的要求向城乡规划主管部门查询。任何单位和个人都有权向城乡规划主管部门或者其他有关部门举报或者控告违反城乡规划的行为。城乡规划主管部门或者其他有关部门对举报或者控告，应当及时受理并组织核查、处理。

3. 村干部在村庄规划中应怎么做

乡村干部首先要提高自身的思想认识，认识到农村住房规划的重要性。只有自身的认识提高了，才能去发动群众，才有说服力；其次要对广大农民进行广泛的宣传动员，转变传统的生活观念，积极主动地配合规划工作的展开，加快新农村建设的步伐。

4. 大学生村官在村庄规划中应怎么做

一方面，大学生要及时转变自身角色，从“秀才”到“实干家”，尽快投入到农村工作中来，将农村基层建设看做是自己的事，积极参与。另一方面，村庄规划的知识性比较强，尤其是一些效果图采用软件技术编制，对于村干部和农民来讲可能存在一定困难。大学生村官就要发挥自己的特长，做好农民和规划方之间的沟通桥梁，详细地给农民解释，为规划合理正确实施贡献自己的力量。

第二节 村庄环境整治政策

一、村庄环境整治的内容

1. 村庄环境整治包括哪些内容

村庄环境整治的内容可以从清理、建设、改造和管理四个层面进行理解。

（1）清理。即对废旧水塘、露天粪坑、房前屋后及道路垃圾、闲置宅基地、私搭乱建房屋的清理，使农村有个整洁、卫生、有序的环境。

（2）建设。即村庄基础设施和公用设施建设。打通乡村连通道路和硬化村内主要道路，配套建设农村急需的供水设施、排水沟渠及垃圾集中堆放点、农村基层组织与村民活动场所、公共消防通道及设施等。

（3）改造。主要是对农民落后的生产生活设施进行改造提升，以及农村被损毁破坏的基础设施和公用设施进行维修改造，如改路、改电、改水、改厕、改厨、改猪圈、改牛栏等，使其发挥新的作用和效益。

（4）管理。加强对已建、在建和拟建农村基础设施、公用设施和农民住宅的管理工作，改变过去在农村设施建设和使用上的重建设轻管理现象，以降低损耗和减少浪费，延长使用时间，增大投资效益。

2. 通过村庄环境整治达到什么效果

通过村庄整治，使村庄村容村貌整洁优美，硬化路面符合规划、饮用水质达到标准，厕所卫生符合要求，排水沟渠和新旧水塘明暗有序，垃圾收集和转运场所无害化处理，农村住宅安全经济美观、富有地方特色，面源污染得到有效控制，医疗文化教育等基本得到保障，农民素质得到明显提高，农村风尚得到有效改善，体现出社会主义新农村的新风新貌来。

二、村庄环境整治的资金来源

1. 村庄环境整治的资金从哪里来

村庄环境整治的资金没有具体的规定，建议采取“政府主导、市场运作、多元投入”的方针，从财政、社会、集体、个人等多方面筹措，解决必要的资金投入问题。

（1）加大财政资金支持力度。村庄环境整治是一件大事情，是造福于民的德政工程，政府部门应该加大财政资金的支持力度，做好后勤保障兵，将这项工程开展进行下去。2009 年中央一号文件提出，“城市维护建设税新增部分主要用于乡村建设规划、农村基础设施建设和维护。”这给农村村庄环境整治资金来源指出了一条来源之路。

（2）积极筹措社会资金。通过各种优惠措施，鼓励社会各界人士投资。鼓励面向社会招投标或承包，包括按照“谁污染、谁治理、谁交费”的原则，向农村企事业单位，实行垃圾处理有偿服务。

（3）村集体组织出资。村集体组织作为农民的“娘家”，应带头支持村庄环境整治，将村内的部分资金用于整治工作，给农民带好头。

（4）正确引导村民筹资筹劳投入新农村基础设施建设。村庄环境好了，农民是最大的受益者。农民应该积极筹措资金或参与环境整治工作，以加快整治工作的进程。

2. 村庄环境整治资金筹措实例

（1）邳州市官湖镇新华村近年来在尊重个人意愿的前提下，通过道路等标志性建筑冠名权鼓励社会各界人士自愿投资或捐资，共筹措资金 200 多万元重点用于基础设施建设。3 个自然村，2 000余人的自来水饮水工程全部来自社会各界人士捐资。另外 2006 年农民一事一议筹资总额为 1. 21 亿元；劳动力出工以货币折算，应筹集资金 1. 23 亿元，合计为 2. 44 亿元，50% 投入农村基础设施建设，“十一五”期间累计至少达到 6. 1 亿元，人均100元。

（2）江山市淤头镇光辉村主要是通过两靠来解决资金问题：一靠多方筹资，二靠合理用资。一靠，即努力拓宽筹资渠道，多方筹集建设资金。第一，积极挖掘村庄自有资源，通过招投标，将集体山场、山地、柑橘园等对外承包，增加集体经济收入。第二，利用村集体土地开展招商引资，发展村级企业。不仅增加了集体收入，而且为当地解决了300多个劳力就业的问题。第三，充分调动村民的积极性，引导村民捐款捐资来实施工程建设。二靠，即合理使用有限资金，集中财力搞村庄整治建设。实施村庄整治建设以来，该村村干部不乱花一分钱，不乱吃一顿饭，把所有的钱全都用到了整治建设上。

三、村庄环境整治如何进行

十七届三中全会决定指出，“实施农村清洁工程，加快改水、改厕、改圈，开展垃圾集中处理，不断改善农村卫生条件和人居环境。”村庄整治工作要因地制宜，不可一刀切。可采取新社区建设，空心村整理，城中村改造，历史文化名村保护性整治等有效形式。

1. 村庄环境整治怎样以服务农民为前提

村庄整治工作要取得广大农民的支持，必须坚持为农民服务的思想，确立农民在村庄整治中的主体地位，充分调动农民自力更生建设家园的积极性，激发农民自主、自强、勤勉、互助、奉献精神，真正让农民得到实惠。要兼顾农民的承受能力与实际需要，从解决农民最急迫、最直接、最关心的实际问题入手，充分利用已有基础，改善农民最基本生活条件。如果超越农民的承受能力，搞大拆大建、盲目追求高标准，或者不考虑农民的实际需要，搞华而不实的形象工程，都不可能赢得农民的支持。有的地方在村庄整治中提出道巷相连、人畜分开、排水畅通、村容整洁的要求，就比较准确地反映出农民关心的实际问题。

在村庄整治项目的选择与实施上，必须广泛听取农民的意见，充分考虑农民的传统习惯和生活生产需要来决定。凡是农民不认可的项目，不能强行开展；凡是农民一时不接受的项目，要先搞试点、示范，让农民逐步接受。要防止脱离农民的实际需要，简单地由上级政府或个别领导说了算。没有农民的积极参与和支持，单靠上面“剃头担子一头热”，整治项目很难搞起来，更难维护好。

新农村是农民自己的家园，农民最盼什么，最需要什么，农民最有发言权。因此，村庄环境整治必须以服务农民为前提。

2. 村庄环境整治中政府部门应做好哪些工作

从目前农村的实际情况看，扎实稳步推进村庄整治工作，从根本上改善农民生产生活条件、改变农村落后面貌，各级政府的重视和有效引导扶持是必不可少的。一方面它本身就是推进村庄整治工作的重要力量；另一方面它还是一个“定心丸”，是农民的“主心骨”，能够坚定村民自主建设家园的信心和决心。

(1) 进一步增强责任意识。建设社会主义新农村是党中央审时度势确定的一项重大历史任务。建设整洁优美的新农村，是实现这一历史任务的重要内容。各级党委和政府必须深刻认识其重要意义，努力提高各级领导干部的责任感和使命感。要防止一些相对落后地区的干部身上，出现“等、靠、要”的思想。

(2) 做好宣传教育工作。首先，要充分利用各类媒体和宣传工具，广泛开展环境卫生等内容的宣传，在全社会形成全民共同关心和支持农村村庄环境整治工作的良好氛围；其次，要做好典型示范。要善于总结经验，摸索出适合不同经济发展程度、不同区域的村庄环境整治的典型，加以分类推广，以具体实例、现身说法来激发农民群众的积极性；最后，要充分发挥农村基层组织的作用，采取各种农民喜闻乐见的形式（如开办“百姓课堂”、举办“我的幸福家园”摄影比赛、组织“环保文艺宣传队”等)，对村民加强宣传教育，转变村民的思想观念和生活习惯，提高村民“村庄是我家，环境靠大家”的保洁意识，增强村民保护环境的忧患意识。

3. 村庄环境整治中农民应该怎么做

农民是村庄的主人，同时也是村庄人居环境的受益者和实施者。作为农民要提高自身素质，积极配合政府部门共同建设好自己的家园。

（1）改变观念。现在许多农民朋友存在认识上的误区，认为所谓村庄环境整治就是盖新房子、住大院子、修大马路，认为整治是政府部门的事，与自己无关。作为新时期的农民，要发扬自主自强、勤勉、互助、奉献精神，自力更生建设家园，使自己得到实际利益。不要希望通过等待、政府直接包揽来改善人居环境。

（2）规范行为。通过村庄整治提高人居环境质量，是在农民自主、村民自治、自我决策过程中所形成的民主决策内容。其中，良好的乡规民约起到了很好的规范作用。通过规范自身行为，有效减少对古镇、古村的破坏，保存好名胜古迹；通过规范自身行为，有效提高人居环境质量；通过规范自身行为，有效展现农村良好的精神风貌。

（3）提高能力。这个能力既包括经济能力也包括管理能力。经济能力随着农业现代化和农民增收的进程加快会逐步提高。管理能力则要通过长期的认识学习才能逐渐体现出效果。要提高农民参与村庄整治，改善生产生活环境，加强村庄公共设施的管理能力。

4. 村庄环境整治要避免哪些误区

（1）大拆大建。村庄整治要体现乡村特色，节约土地和能源，避免大拆大建。要明白，环境整治不是全部推倒重来，大干一场，要因地制宜，步步深入搞建设。

（2）大包大揽。村庄整治，必须符合农民意愿，充分考虑农民的传统习惯和生活生产需要。所确定的规划、采取的措施和扶持项目要考虑能不能让农民得到实惠。避免出现由政府部门和个别领导大包大揽，一锤定音。政府主要通过给政策，调动企业、社会组织和个人的积极性。来推进村庄环境整治。

（3）贪大求洋。目前，在村庄环境整治中，一些地方把城市里的形象工程搬到村庄里去，盲目地追求村容的整齐统一，盲目地克隆城市的广场、草坪、运动场等，认为房建得越高越好，越气派越好，这些都是贪大求洋的表现。其实，村庄就应有村庄的样，体现出与城市不同的特色来。村庄就是土生土长的，小庭院爬满了丝瓜、葡萄，房顶上挂满了粮食、辣椒，所呈现出的朴实乡土气息是城市所不具备的，反而会有出乎意料的效果。

（4）急功近利。我们的干部中有些容易犯急躁病，急躁就会冒进，冒进就会使整治的效果大打折扣。从农民自身来看，要改变多年的生活习惯要有一个过程，是急不得的，必须耐心通过各种措施加以引导。改造农村的环境，也要量力而行，要年年迈小步，年年不停步，通过滚雪球达到目的。

四、村庄环境整治实例

1. 政府优先解决群众最关心、最急迫的问题

新疆坚持把农民生命财产安全放在第一位，积极实施震后重建和抗震安居工程。2003 年，地震后 7 个月就建好了 3.5 万户灾民住房；2004、2005 两年抗震安居工程分别改建了 18.5 万户、41.1 万户；2006 年又安排 45 万户。

2. 因地制宜，采取符合实际的解决方案

江西在着力推进“三清三改”（即清垃圾、清路障、清淤泥，改水、改厕、改路），改善农村人居环境的同时，尊重农民意愿，把尽量保留原有房屋、原有风格、原有绿化，突出农村特色，不推山、不砍树、不填塘作为保护农民利益的一项基本要求，广大农民非常欢迎。

3. 弘扬传统文化，突出乡土特色

江苏省无锡市惠山区按照“一个村落一种景”的要求，率先建成了一大批具有江南风情的生态村、园林村、农家乐旅游村等特色村落，极大地提升了农民居家生活质量。其中阳山镇长腰山村在实施村庄整治的同时，彰显地域资源特色，帮助村民兴办

以“农家乐”为特色的三产旅游休闲产业。经济实力雄厚的前洲镇邓巷村以创建园林式村庄为目标，聘请了专业的园林设计和施工单位，对现有河道水系、村落进行重新规划改造，建起了两个亲水景观楼台和由假山、长廊、喷泉、绿地等组成的4处小游园，使昔日的邓巷村变成了一个美丽的大花园。玉祁镇投入3 000万元对人文资源丰厚的礼舍村老街进行系统改造，再现昔日古街的风貌。

4. 政府引导，社会支持

宁夏对引黄灌区村庄整治进行补贴，对“塞上农民新居”建设以奖代补，每年投入5 000万元资金；浙江省实施“千村示范、万村整治”工程，第一年就投入40多亿元，同期吸引社会资金170亿元；江西省赣州市开展“五新一好”新村镇建设，投入财政资金6 300万元、整合涉农专项资金1.2亿元，同期吸引社会资金3.1亿元。

5. 农民主体，民主决策，自我管理

村民自主参与村庄整治事务民主决策，实行民主管理；村民自主投工投劳参与村庄整治；村民通过成立“五老会”、制定村规民约等方式，实行自我管理、自我服务，民主监督。如四川省南充市充分发挥农民的主体作用，坚持“谁受益、谁建设”和“村民自治、一事一议”原则，广泛发动群众。具体到一个村，村庄整治搞不搞、怎么搞，由群众说了算。农民群众参加村庄整治的积极性空前高涨。

6. 多种形式保障公共设施的运行维护

南岸村引入市场机制，将自来水供应承包给私人经营，合同每年一签，户均月费用仅6元至7元，农民能够负担得起；黄婆井村依靠集体经济，通过公开出租腾退出来的100余亩原有宅基地，每年收入约2万元，专门用于环境卫生、公共设施建设与运营维护管理；蔡家村由农户出资，每户一年交30元钱用于村庄环卫和绿化。

7. 不断创新体制机制

江西省赣州市2004年开展新村镇建设以来，成立了269个乡镇规划建设管理所，将村镇规划经费纳入财政预算；云南省曲靖市2006年成立村镇建设管理局；陕西省人大通过《陕西省农村村庄规划建设条例》，并于2006年3月1日起施行；湖北省建设厅制定《村庄规划导则》和《村庄整治技术导则》，加大对村庄整治的技术指导和政府引导。

第三节 农民住房建设与产权政策

一、为什么要加强农民住房建设管理

1. 当前农民住房建设存在哪些问题

（1）村庄布局分散，随意性大。农村建房主要是以亲友，组和自然村落为单位，依山傍水，这种传统模式决定了居住的分散。几户成一排的现象比比皆是，个别地方更是天女散花，既不成点，也不成面，随意性很大，造成了土地的浪费。

（2）形式乱，缺乏统一规划。由于受传统思想及多年习惯的影响，农村建房没有统一的规划标准。大部分村庄是平房、瓦房，相互交错，颜色各异，坐落东、南、西、北都有，朝向各异，前后高低不齐，小巷弯弯曲曲，村中道路较差，整体布局结构凌乱不堪。民房大都是“各自为政”，缺乏整体意识，有的讲风水，把房子盖得不伦不类，有的实行“圈地运动”，东一榔头，西一棒子。近年来，虽然房屋的整体质量不断提高，但是造型设计随意，建筑风格混杂，整体景观差。

（3）基础配套设施落后。由于居住分散，导致农村基础配套设施建设工程量大、成本高、到位难、水平低，大量农民不能享受基础配套设施。个别偏僻村庄至今未通公路，还靠肩挑手提过日子，个别砂石路面年久失修，路不成路，严重影响当地农民生产生活。与城市居民相比生活质量较低，“脏、乱、差”现象

比较严重。尤其是绝大部分的农村缺乏公共活动的场所，阻碍了精神文明的建设。

(4) 内部闲置地比重高，“空心村”现象比较严重。随着农村经济的发展，富裕起来的农民开始纷纷建房。由于村庄外围自然条件优越、交通方便、视野开阔，许多村民都愿意到村庄外围建房，内部则出现大量的闲置宅基地、废弃地和空白地，造成了“空心村”，极大地浪费了土地资源。另外，农村有部分外出打工的农民和学有所成的青年，在外安居乐业，甚至举家迁往城镇，但是祖房仍留着，既不维护，也不对其进行处理，日久后大多变成危房。

鉴于出现以上问题，必须对农民住房建设加强管理，“立规矩”。

2. 当前农民住房建设存在诸多问题的原因

(1) 认识不足

一是一些部门领导认识不足。部分领导，特别是农村基层领导对农村居民点建设规划的重要性认识不够，总是认为经济是大事，而农民住房建设属于社会事务的事，还没有认识到村庄民房规划建设对社会经济发展的长远影响，在具体实施过程中执行规划的严肃性不强。

二是农民认识不足。一方面是部分农民的文化素质偏低，只顾眼前利益，只顾个人利益。他们认为房子是他们自己的，根本不考虑规划不规划对他们生活的影响，根据自己的意愿想往哪建房子就往哪建房子，想怎么建就怎么建，才使得农村居民点又散又乱。另一方面是农民的土地私有观念强，超占土地现象严重。他们不顾法律法规规定，建新房同时还保留旧房，旧宅基地即使没用，宁可让其荒废也不肯调让。

(2) 规划编制滞后

乡镇规划体系严重缺乏，大部分农村都未进行规划编制，有的村镇即使进行了规划，也是仅局限于交通、水利工程等建设项目，没有涉及其他内容。规划的指导性、可操作性不强，规划编制滞后，致使农村发展没有“领路人”。

(3) 农村建房缺乏建设规范和技术规范

当前，民宅建设的诸多方面无“规范”可依，特别是专业性的建设规范和技术指标，普通百姓很难说得清楚，因而常常是“依葫芦画瓢”，照着别人家的样子盖，什么砂石配比、体量尺寸，都是大体估摸、现对付，以至于问题常出、官司常打，制定规范俨然是个火烧眉毛的事情。

二、农民住房建设形式手续及资金

1. 农民住房建设的形式有哪些

千百年来，农村的住宅形式几乎是千篇一律、样式单一，结构单调，布局杂乱、无序。住宅主要为独立式小住宅、双户住宅与联排住宅，这是我国当前村庄住宅建设中的主要住宅类型。新农村建设要使农村成为更好的生产发展、生活宽裕、乡风文明、村容整洁、管理民主的新农村。新农村建设规划后的农民住房的建设根据当地的具体情况进行。其形式可采取以下几种方式：

(1) 拆迁新建。就是对那些经济基础较好但住房条件较差的村庄，采取整体拆迁、集中建设、统一安置的方式建设新村。

(2) 旧村改造、保留治理。就是对那些住宅条件较好但公共环境和设施较差的村庄，重点进行局部改造和环境治理，抓好村内水、电、路等基础设施和环境卫生等公共设施建设，使村庄整体达到道路宽畅、环境整洁卫生。

(3) 依托城镇建设新村。就是对地处城镇或紧邻城镇的村庄，实行以城镇建设和乡镇企业发展带动新村建设。

2. 农民搞住房建设，钱从哪里来

农民住房改造或新建需要大量的资金，但处于社会底层的农民没有那么多的钱，因此建议以农户出资为主，相关单位帮扶、社会援助、信贷支持为辅，走多形式、多渠道资金筹集之路。

(1) 农民节约资金投入住房建设。搞住房建设首先是农民自己的事，农民自身是最根本的受益者。因此，首先要农民自己

出资，平时注重节约。一些日常的多余开支如吸烟、饮酒的钱等可节约出来，另外像婚丧嫁娶也没必要大操大办，节省为主。

（2）村集体组织或政府单位可酌情给予补助，尤其是帮助“五保户”等困难户。政府加大对农村投入力度，实行政策倾斜，进一步完善交通、水、电等配套基础设施，改善人居生活条件。

（3）信贷政策助农，支持新农村住房建设。虽然农民的家庭收入近年来有所增加，但富余资金依然匮乏。在城镇买房，村民可以通过银行抵押获得住房贷款。新农村建设战略提出以来，一些银行和地区信贷已经开始探索农民住房贷款，为农民贷款建房提供支持。

3. *怎样进行农民住房建设管理*

（1）提高思想认识，理清规划的思路。解决农民住房问题要在规划设计上下功夫。科学的规划是前提和基础，是龙头。政府及其规划部门要切实把农民住房规划纳入到土地利用总体规划、城镇总体规划和村庄集体规划中，坚决做到科学规划，合理布局、体现特色，实现生态效益、经济效益和社会效益相统一。进一步规范农村居民点管理，严格按规划用地。

（2）加强宣传教育，提高农民的意识，改变传统观念和落后的生活方式。在新建、改建住房时遵守规划，建设既符合规划要求，又舒适的新型住房。

（3）优化政策环境。简化建房审批程序，提高办事效率，实行“一站式”办公、“一条龙”服务，推行首问责任制、限时办结制。要建立奖励机制，对新建房屋和改房的农民应实行重奖，并在规定范围内减收或免收相关费用，提高农民建房和改房的积极性。

（4）农村居民点规划既要保留农村特色，又要具有现代风味。农村的最大特点是“农”，农村的规划建设应体现农民的需要，便于农业生产。但是也应体现与旧式农村的不同，要把农村村庄规划建设与城市化发展结合起来，农村村庄规划建设要充分考虑我国未来城市化加速发展这一趋势。

(5) 制定建设规范和技术规范。通过制订实施《民宅建设施工操作规程》，促进农村住房建设和改造。同时引导规划和建筑专家为农村规划建设服务，帮助农民设计造价低廉、样式新颖、结构合理的住宅，加强住房建设和庭院建设的设计和指导。

三、农民住房建设与产权政策

1. 农村小产权房能出售给城市居民吗

"小产权"房是指在农民集体土地上，由享有该土地所有权的乡镇政府或村委会单独或联合开发商开发建设住宅，并由乡镇政府或村委会制作房屋权属证书向城市居民销售的房屋。这种房屋的权属证书没有房管部门盖章，仅有乡镇或村委员会盖章以证明权属，故称为"小产权"房。

目前的法律法规明确规定，严格禁止建设、销售小产权住房。农村住宅用地只能分配给本村村民，城镇居民不得到农村购买宅基地、农民住宅或"小产权房"。单位和个人不得非法租用、占用农民集体所有土地搞房地产开发。

农村集体土地是不能用于商品房开发的，村委员会或乡镇政府不是法定的不动产登记机构，其颁发的房产证，没有法律效力，没有产权证，就没有相应的所有、转让、处分和收益的权利，更不能办理过户手续，消费者没有任何法律保障。未来不论是城市政府征地还是乡镇政府因各种因素想收回，购房者都无法获得合理的补偿或赔偿。

2. 农民建房需要办理哪些手续

农民建房应当按照村镇建设规划的统一安排，依照下列程序办理申请建房用地手续：

(1) 建房户向村民委员会提出建房申请。

(2) 经村民代表会或村民大会讨论通过后，按规定办理批准手续。

(3) 批准手续：占用原有宅基地、村内空闲地等非耕地建房的，报乡镇人民政府批准；占用耕地的，由乡镇人民政府审核，经县人民政府土地管理部门审查同意，报县人民政府批准。

(4) 由乡镇土地管理所确定宅基地使用权后，按村镇规划定点划线，准许施工。

(5) 房屋竣工后，经有关部门检查验收符合用地和建筑要求的，发给集体土地使用证和房屋产权证。

3. 农民建房需要缴纳哪些费用

为减轻农民负担，针对一些地方长期存在的在农民新建、翻建自用住房时审批部门多、收费单位多、收费项目多、收费混乱等问题，2001 年 8 月 15 日，国家发改委、财政部、农业部、国土资源部、原建设部、国务院纠风办等六部门联合发出了《关于开展农民建房收费专项治理工作的通知》。

《通知》中明确规定，宅基地有偿使用费、宅基地超占费、土地登记费、村镇规划管理费、建设用地规划许可证费、房屋所有权登记费、建设用地规划许可证费、建设项目选址意见书费、建设工程规划许可证费等均不得向农民收取；省、自治区、直辖市人民政府及其财政、物价部门批准的涉及农民建房和行政事业性收费项目，除依法颁发的证照可收取工本费外，其他行政事业性收费项目也一律不得向农民收取；而由国务院其他部门，省以下各级人民政府（市、县、乡政府）及各部门自行出台的涉及农民建房的行政事业性收费，均属于乱收费，要一律取消。

农民在建房时，有关部门要求的款项属于上述应取消之列的，或者其不能出示收费依据的，农民有权拒交。已经交纳而有关部门又拒不退还的，交费人有权申请行政复议或向法院提起行政诉讼，索回款项。

如果是在原宅基地对旧房进行翻新，只需要更换房屋产权证，换证费 10 元，原土地使用证依然有效，无须更换、缴费；如果在村内规划的非耕地上按批准面积建房，需缴纳土地使用证费 5 元，房屋产权证费 10 元；如果在可耕地上新建住房，除了要缴纳土地使用证费和房屋产权证费外，还须缴纳一定数量的耕地占用税和耕地开垦费。

4. 农民可以在空闲地、承包地上扩建、新建住房吗

不可以。无论是空闲地还是承包地，土地的所有权都属于农村集体，都有特定的用途，不得随意更改。

5. 农民非法占用土地建房应怎样处理

根据《土地管理法》的有关规定，农民非法占用土地建造的住房，只能拆除，不没收，也不罚款。

第四章　农业支持政策

【相关政策】

1. 2009年中央一号文件《中共中央国务院关于2009年促进农业稳定发展农民持续增收的若干意见》(2008年12月31日)

2. 《关于促进设施农业发展的意见》(农业部，2008年6月)

3. 2008年中央一号文件《中共中央国务院关于切实加强农业基础建设进一步促进农业发展农民增收的若干意见》(2007年12月31日)

4. 《循环农业促进行动实施方案》(农业部，2007年)

5. 2007年中央一号文件《中共中央国务院关于积极发展现代农业扎实推进社会主义新农村建设的若干意见》(2006年12月31日)

6. 2006年中央一号文件《中共中央国务院关于推进社会主义新农村建设的若干意见》(2005年12月31日)

7. 2005年中央一号文件《中共中央国务院关于进一步加强农村工作提高农业综合生产能力若干政策的意见》(2004年12月31日)

8. 《关于进一步加强节水农业工作的意见》(农业部，2003年9月26日)

图4-1　山东省乐陵市梁锥希森新村现代化的优质脱毒马铃薯组培中心生产车间（刘观浦摄影）

第一节 现代农业

一、为什么要发展现代农业

1．什么是现代农业？

简而言之，建设现代农业的过程，就是改造传统农业、不断发展农村生产力的过程，就是转变农业增长方式、促进农业又好又快发展的过程。专家指出，现代农业的核心是科学化，特征是商品化，方向是集约化，目标是产业化。与传统农业相比，它具有四大特点：一是突破了传统农业仅仅或主要从事初级农产品原料生产的局限性，实现了种养加、产供销、贸工农一体化生产，使得农工商的结合更加紧密；二是突破了传统农业远离城市或城乡界限明显的局限性，实现了城乡经济社会一元化发展、城市中有农业、农村中有工业的协调布局，科学合理地进行资源的优势互补，有利于城乡生产要素的合理流动和组合；三是突破了传统农业部门分割、管理交叉、服务落后的局限性，实现了按照市场经济体制和农村生产力发展要求，建立一个全方位的、权责一致、上下贯通的管理和服务体系；四是突破了传统农业封闭低效、自给半自给的局限性，发挥资源优势和区位优势，实现了农产品优势区域布局、农产品贸易国内外流通。

2．现代农业给农民带来哪些实惠？

2007年的中央一号文件将关注的焦点放在“积极发展现代农业”，2008年的一号文件又有相应补充。这些纲领性文件密集出台了诸多重大举措，将给9亿农民的生产生活带来沉甸甸的实惠。

惠农政策继续稳定、完善和加强。2007年，财政支农投入的增量继续高于上年，国家固定资产投资用于农村的增量继续高于上年，土地出让收入用于农村建设的增量继续高于上年。2008年，在巩固、完善、强化惠农政策方面又有新内容。具体来说，一是继续加大对农民的直接补贴力度，增加粮食直补、良种补贴、农机具购置补贴和农资综合直补。扩大良种补贴范围。二是增加农机具购置补贴种类，提高补贴标准，将农机具购置补贴覆盖到所有农业县。三是稳步扩大政策性农业保险试点范围，科学确定补贴品种。四是全面落实对粮食、油料、生猪和奶牛生产的各项扶持政策，加大对生产大县的奖励补助。五是统筹研究重要农产品的补贴政策。

粮食生产支持力度进一步强化。要努力稳定粮食播种面积，提高单产，优化品种，提高品质。继续实施优质粮食产业、种子、植保和粮食丰产科技等工程。支持粮食主产区发展粮食生产和促进经济增长，水利建设、中低产田改造和农产品加工转化等资金和项目安排，要向粮食主产区倾斜。2008 年，根据粮食产销格局的变化，进一步完善了粮食风险基金政策，加大对粮食主产区的扶持力度，完善产粮大县奖励政策。在实施粮食战略工程过程中，不仅建设粮食核心产区，还在保护生态前提下，着手开发一批资源有优势、增产有潜力的粮食后备产区。扩大了西部退耕地区基本口粮田建设。

现代农业产业体系构筑加速。扩大对养殖小区的补贴规模，继续安排奶牛良种补贴资金。建立和完善动物标识及疫病可追溯体系。加快培育一批特色明显、类型多样、竞争力强的专业村、专业乡镇。中央财政和省级财政要专门安排扶持农产品加工的补助资金，支持龙头企业开展技术引进和技术改造。扶持农民专业合作社，给予标准化生产基地等基础设施和初级加工、运销、仓储等设施建设补助。同时，通过中央财政一村一品专项资金扶持一批村、发展一村一品。

农业设施装备水平提升。大力抓好农田水利建设。加快建设旱涝保收、高产稳产的高标准农田。加快实施“乡村清洁工程”。扩大小水电代燃料工程实施范围和规模，加大对贫困地区农村水电开发的投入和信贷支持。“十一五”期间要解决 1.6 亿农村人口的饮水安全问题。加大农村公路建设力度。加快户户通电工程建设。

先进农业科技进入千家万户。启动农业行业科技专项。对于涉农企业符合国家产业政策和有关规定引进的加工生产设备，允许免征进口关税和进口环节增值税。继续支持重大农业技术推广，加快实施科技入户工程。建设农机化试验示范基地，大力推广水稻插秧、土地深松、化肥深施、秸秆粉碎还田等农机化技术。中央财政每年投资1.1亿元执行“948”计划（引进国际先进农业技术计划）。

现代农业市场体系建设发力。采取优惠财税措施，支持农村流通基础设施建设和物流企业发展。加快建立一批设施先进、功能完善、交易规范的鲜活农产品批发市场。建立农产品质量可追溯制度。启动实施农产品质量安全检验检测体系建设规划。支持农产品出口企业在国外市场注册品牌，开展海外市场研究、营销策划、产品推介活动。加快培育农村经纪人、农产品运销专业户和农村各类流通中介组织。

二、节水农业、循环农业与设施农业

节水农业、循环农业、设施农业都是现代农业重点发展的农业生产模式。

1. 节水农业

节水农业是指在农业生产过程中，通过采取工程、机械、农艺和管理等措施，综合提高天然降水和灌溉水利用率及其利用效益，实现节约用水和提高农业用水效益的目标，促进农业可持续发展。

发展节水农业应遵循以下基本原则：

坚持灌区和旱区并重。要在重视灌区农业节水的同时，更加重视占我国耕地60%的旱区节水农业的发展。在旱区要坚持以高效旱作农业、农机措施为重点，配套采取节水灌溉措施，发展节水农业。

坚持工程措施和非工程措施相结合。要逐步建立和完善农艺、农机、生物、化学、工程和管理等蓄水保水、节灌补水和选用节水抗旱优质高产作物品种等综合节水技术体系，增强抗旱节水综合能力。

坚持源头节水、渠道节水、田间节水并举。田间节水既是农业节水增效的关键环节，也是当前农业节水中的最薄弱环节，是节水高效农业的工作重点。要在重视水库、输水渠道等水源工程节水措施的同时，把田间节水放在节水农业的突出位置来抓。

坚持走多种节水农业模式发展道路。我国各地区经济和自然条件差异大，财力不够强，农民还不富裕，各地应从实际出发，因地、因时、因作物制宜，发展适合本地特点的节水农业。不贪大求“洋”，坚持“土”“洋”结合，大中小措施结合。

坚持突出农民在节水农业中的主体地位。发展节水农业要调动好农民的积极性，突出农民的主体地位。要提倡大力发展田间小微型节水工程设施、农艺措施、农机措施等投资少、见效快、效益显著、农民有经济能力承受、示范带动作用强的节水措施。

2. 循环农业

循环农业是一种以资源的高效利用和循环利用为核心，以“减量化、再利用、资源化”为原则，以低消耗、低排放、高效率为基本特征的农业发展模式，这是一种符合经济可持续发展理念的模式。

图 4-2　奶牛吃果蔬园废弃的菜叶和牧草，而牛的粪便又被集中处理回田。（宁海新闻网陈勇 周武军摄）

图 4-3　沼液与水混合成了蔬菜大棚的有机湿肥，喷洒也采用了自动化技术。（宁海新闻网）

2006 年中央一号文件提出要加快发展循环农业。要大力开发节约资源和保护环境的农业技术，重点推广废弃物综合利用技术、相关产业链接技术和可再生能源开发利用技术。制定相应的财税鼓励政策，组织实施生物质工程，推广秸秆气化、固化成型、发电、养畜等技术，开发生物质能源和生物质材料，培育生物质产业。积极发展节地、节水、节肥、节药、节种的节约型农业，鼓励生产和使用节电、节油农业机械和农产品加工设备，努力提高农业投入品的利用效率。

为从根本上转变农业发展方式和农民生活方式，建设资源节约型和环境友好型的新农村，农业部组织实施了循环农业促进行动，并将其列入 2007 年发展现代农业“十大行动”之一。发展循环农业对缓解我国资源短缺和改善生态环境，保障农业综合生产能力和农产品质量安全，促进农业增效和农民增收，具有重要的推动作用，是发展现代农业和建设社会主义新农村的重要支撑。

3．设施农业

设施农业是现代农业的显著标志，促进设施农业发展是实现农业现代化的重要任务。设施农业的快速发展，为有效保障我国蔬菜、肉蛋奶等农产品季节性均衡供应，改善城乡居民生活发挥了十分重要的作用。但是，我国设施农业的整体发展水平不高，机械化、自动化、智能化和标准化程度较低；科技创新能力较弱，生物技术、工程技术和信息技术的集成运用不够；资金投入不足，基础设施、机械装备和生产条件不配套；支持措施不尽完善，发展的规模、质量和效益还有待于进一步提高。

发展设施农业，可有效提高土地产出率、资源利用率和劳动生产率，提高农业素质、效益和竞争力，既是当前农业农村经济发展新阶段的客观要求，也是克服资源和市场制约、应对国际竞争的现实选择，对于保障农产品有效供给，促进农业发展、农民增收，增强农业综合生产能力具有十分重要的意义。发展设施农业是转变农业发展方式、建设现代农业的重要内容，是调整农业结构、实现农民持续增收的有效途径，是建设资源节约型、环境友好型农业的重要手段，是增加农产品有效供给、保障食物安全的有力措施。

发展设施农业的基本原则：一要坚持优化布局、发挥优势，二要坚持因地制宜、注重实效，三要坚持改革创新、建立机制，四要坚持市场引导、政府扶持。

第二节　农业结构优化政策

一、农业产业化政策

胡锦涛总书记强调，积极促进农业产业化经营，这是战略化经营调整的途径，这是增加农民收入的有效举措，一定要作为农业、农村经济工作中全局性、方向性的工作来抓。

2006 年一号文件《关于推进社会主义新农村建设的若干意见》提出，发展农业产业化经营，要着力培育一批竞争力、带动力强的龙头企业和企业集群示范基地，推广龙头企业、合作组织与农户有机结合的组织形式，让农民从产业化经营中得到更多的实惠。

2007 年中央一号文件提出，要重点扶持农业产业化龙头企业发展。龙头企业是引导农民发展现代农业的重要带动力量。通过贴息补助、投资参股和税收优惠等政策，支持农产品加工业发展。中央和省级财政要专门安排扶持农产品加工的补助资金，支持龙头企业开展技术引进和技术改造。完善农产品加工业增值税政策，减轻农产品加工企业税负。落实扶持农业产业化经营的各项政策，各级财政要逐步增加对农业产业化的资金投入。农业综合开发资金要积极支持农业产业化发展。金融机构要加大对龙头企业的信贷支持，重点解决农产品收购资金困难问题。有关部门要加强对龙头企业的指导和服务。

2008 年中央一号文件明确提出支持农业产业化发展。继续实施农业产业化提升行动，培育壮大一批成长性好、带动力强的龙头企业，支持龙头企业跨区域经营，促进优势产业集群发展。中央和地方财政要增加农业产业化专项资金，支持龙头企业开展技术研发、节能减排和基地建设等。探索采取建立担保基金、担保公司等方式，解决龙头企业融资难问题。抓紧研究完善农产品加工税收政策，促进农产品精深加工健康发展。允许符合条件的龙头企业向社会发行企业债券。龙头企业要增强社会责任，与农民结成更紧密的利益共同体，让农民更多地分享产业化经营成果。健全国家和省级重点龙头企业动态管理机制。引导各类市场主体参与农业产业化经营。鼓励农民专业合作社兴办农产品加工企业或参股龙头企业。支持发展“一村一品”。

二、特色农业发展政策

2006 年中央一号文件《关于推进社会主义新农村建设的若干意见》提出，积极推进农业结构调整。按照高产、优质、高效、生态、安全的要求，调整优化农业结构。加快建设优势农产品产业带，积极发展特色农业、绿色食品和生态农业，保护农产品知名品牌，培育壮大主导产业。继续实施种子工程。大力发展畜牧业，扩大畜禽良种补贴规模，推广健康养殖方式，安排专项投入支持标准化畜禽养殖小区建设试点。

大力发展特色农业的具体要求是：（1）要发挥区域比较优

势，建设农产品产业带，发展特色农业。(2) 各地要立足资源优势，选择具有地域特色和市场前景的品种作为开发重点，尽快形成有竞争力的产业体系。(3) 建设特色农业标准化示范基地，筛选、繁育优良品种，把传统生产方式与现代技术结合起来，提升特色农产品的品质和生产水平。(4) 加大对特色农产品的保护力度，加快推行原产地等标识制度，维护原产地生产经营者的合法权益。(5) 整合特色农产品品牌，支持做大做强名牌产品。(6) 提高农产品国际竞争力，促进优势农产品出口，扩大农业对外开放。

2007 年中央一号文件提出，要大力发展特色农业。要立足当地自然和人文优势，培育主导产品，优化区域布局。适应人们日益多样化的物质文化需求，因地制宜地发展特而专、新而奇、精而美的各种物质、非物质产品和产业，特别要重视发展园艺业、特种养殖业和乡村旅游业。通过规划引导、政策支持、示范带动等办法，支持“一村一品”发展。加快培育一批特色明显、类型多样、竞争力强的专业村、专业乡镇。

第三节 农业财政支持政策

一、农业补贴政策

1. 农业补贴有多少?

2007 年、2008 年财政部门坚持把大力支持解决“三农”问题作为财政工作的重中之重，着力于促进现代农业建设，扩大农村综合改革试点范围，创新财政扶贫开发机制，深化支农资金整合试点，促进深化农村金融体制改革等方面的工作。

2007 年起新增政府投资的大部分要用于社会主义新农村建设，加大“三补贴”和综合直补力度。增加良种补贴、农机具购置补贴，完善补贴政策和方式；粮食直补规模要在现有基础上保持相对稳定。各地用于种粮农民直接补贴的资金要达到粮食风险基金的50%以上。加大良种补贴力度，扩大补贴范围和品种。扩大农机具购置补贴规模、补贴机型和范围。加大农业生产资料综合补贴力度。中央财政要加大对产粮大县的奖励力度，增加对财政困难县乡增收节支的补助。同时，继续对重点地区、重点粮食品种实行最低收购价政策，并逐步完善办法、健全制度。

2008年一号文件提出，要巩固、完善、强化强农惠农政策。按照适合国情、着眼长远、逐步增加、健全机制的原则，坚持和完善农业补贴制度，不断强化对农业的支持保护。继续加大对农民的直接补贴力度，增加粮食直补、良种补贴、农机具购置补贴和农资综合直补。扩大良种补贴范围。增加农机具购置补贴种类，提高补贴标准，将农机具购置补贴覆盖到所有农业县。认真总结各地开展政策性农业保险试点的经验和做法，稳步扩大试点范围，科学确定补贴品种。全面落实对粮食、油料、生猪和奶牛生产的各项扶持政策，加大对生产大县的奖励补助，逐步形成稳定规范的制度。根据保障农产品供给和调动农民积极性的需要，统筹研究重要农产品的补贴政策。强农惠农政策要向重点产区倾斜，向提高生产能力倾斜。继续对重点地区、重点粮食品种实行最低收购价政策。

2009年中央一号文件提出，进一步增加补贴资金，增加对种粮农民的直接补贴，加大良种补贴力度，大规模增加农机具购置补贴，同时，加大农资综合补贴力度。

2. 买农机能获得补贴吗?

近年来，中国政府高度重视农业机械化发展，逐年加大农机购置补贴投入，不断扩大补贴机具种类和实施范围，成效显著，促进了粮食增产、农业增效和农民增收。

2005年，中央农机购置补贴资金总量达到6亿元，总补贴资金投入比上年翻了一番。地方财政安排农机补贴资金达到10.6亿元，比2004年增长近30%。

2006年，国家继续扩大农机补贴的范围和规模，按照突出重点和兼顾特色的原则，向优势农产品集中产区倾斜，向重点作物关键环节倾斜，推进水稻、小麦、玉米、马铃薯等主要作物的耕、种、收等关键环节机械化。

2007 年国家进一步加大农机购机补贴资金投入，实现“五个扩大”：一是实施范围扩大，2007 年购机补贴在全国 2/3 以上的农业县实施，并向新农村建设示范村、联系村倾斜；二是补贴机具种类扩大。由 2006 年的 6 大类 19 种，增加到 7 大类 24 种；三是补贴试点范围扩大。积极稳妥地扩大玉米收获机械、马铃薯种植与收获机械补贴试点，花生收获机械补贴试点也将启动；四是县均投入规模扩大，并向粮食大县和农牧业大县倾斜；五是单机补贴额度适当扩大，并适当提高血防区农机补贴的比例。

2008 年，中国用于农机补贴的资金比上一年翻了一番，且农机补贴政策覆盖全国所有农牧业县。为加快农业机械化发展，中央财政进一步加大了农机补贴投入，安排农机购置补贴资金 40 亿元人民币。除投入规模加大、实施范围扩大外，补贴机具种类由 7 大类 24 种增加到 9 大类 33 种。补贴标准适当提高，经销商管理更加规范。农业部要求在政策执行过程中，严禁向农民收取机具差价之外的任何费用，严禁增加企业负担，严禁暗箱操作、违规操作、弄虚作假和搞地方保护主义，确保补贴政策执行到位。

2009 年，国家将大规模增加农机购置补贴，将先进适用、技术成熟、安全可靠、节能环保、服务到位的农机具纳入补贴目录，补贴范围覆盖全国所有农牧业县（场）。

3. 国家的种粮补贴政策有哪些

2004 年，全国有 29 个省实施了粮食直补，安排直补资金 116 亿元，有 6 亿农民直接得到了实惠。

2005 年中央一号文件提出，要继续对种粮农民直接补贴，同时实行中央财政对产粮大县奖励政策。各省、自治区、直辖市 2005 年安排的粮食直补资金，不能低于 2004 年的直补资金额度，有条件的省份可以适当增加。这是一条硬政策，任何一个省都不能打折扣。粮食直补资金要直接兑付给种粮农民，不再允许采用抵扣农业税的方式，禁止抵扣任何税费。补贴标准的政策规定要突出粮食主产县和种粮大户两个重点，中央财政准备安排55 亿元对产粮大县进行直接奖励。

2006 年，中央财政用于种粮直补、良种补贴、农机补贴、农民培训及产粮大县的奖励约为 405.7 亿元。其中种粮直补资金规模达到 142 亿元，比 2005 年增加 10 亿元。此外，新增农业资料增支综合直补 125 亿元，有效地降低了柴油化肥等农资产品涨价对种粮的不利影响。良种补贴资金规模达到 40.7 亿元，补贴区域覆盖 17 个省份。

2007 年，在保持 2006 年农资综合直补政策相对稳定的前提下，适当调整和完善 2007 年新增农资综合直补政策目标，政策重点鼓励多产粮、多调粮、产好粮，更好地调动各地和农民粮食生产的积极性，促进粮食生产和农民增收。2006 年 120 亿元农资综合直补资金仍维持各地补贴基数不变，2007 年新增 156 亿元补贴资金分配。

2008 年，经国务院批准，在统筹考虑全年柴油、化肥等农资预计增支因素的基础上，中央财政新增 206 亿元农资综合直补资金，进一步加大对种粮农民的补贴力度。新增补贴资金后，2008 年中央财政对种粮农民的农资综合直补资金规模达到 482 亿元，比上年增长 75%。加上今年从粮食风险基金中预计列支的 151 亿元粮食直补资金，2008 年国家对种粮农民两项直接补贴达到 633 亿元。

2008 年 7 月 2 日，国务院常务会议原则通过了《国家粮食安全中长期规划纲要》和《吉林省增产百亿斤商品粮能力建设总体规划》。会议指出，国家将逐年较大幅度增加对农民种粮补贴。会议强调，要通过实施《国家粮食安全中长期规划纲要》，使粮食自给率稳定在 95% 以上，2010 年粮食综合生产能力稳定在 1 万亿斤以上，2020 年达到10 800亿斤以上。为实现这个目标，会议要求做好以下工作：坚持家庭承包经营责任制长期稳定不变，推进农业经营体制机制的创新；保证全国耕地保有量不低于18亿亩，基本农田不低于15.6亿亩；下大力气加强农业基础设施建设，特别是农田水利建设；国家财政支出重点向农村倾斜，逐步理顺粮食价格，逐年较大幅度增加对农民的种粮补贴。同时，会议还提出要提高粮食单产，继续深化粮食流通体制改革，完善粮食储备体系，健全储备粮调控机制，加大金融对农村、农业的支持力度。会议强调，保障国家粮食安全要全面落实粮食省长负责制。

2009年，国家将继续增加对种粮农民直接补贴。加大良种补贴力度，提高补贴标准，实现水稻、小麦、玉米、棉花全覆盖，扩大油菜和大豆良种补贴范围。还将逐步加大对专业大户、家庭农场种粮补贴力度。

4. 奶牛良种有何补贴政策?

2005年中央一号文件指出："增强农业综合生产能力必须培育发达的畜牧业"，并要求从2005年起，实施奶牛良种繁育项目补贴。2005年中央财政计划投入1 000多万元资金，对项目区奶牛良种冻精给予适当补贴。主要内容有：在北京、黑龙江、上海、天津、河北、山西、内蒙古7个省区市项目实施区域，对每剂优质冻精补贴10元，补贴对象以区域内的农民饲养户为主。在项目区内，由省级畜牧部门组织市县进行良种补贴，县级畜牧部门确定并登记符合条件的奶牛饲养农户。争取每年改良110万头产奶母牛，用5年左右的时间，逐步淘汰项目区的低产奶牛，使项目区良种奶牛的品种覆盖率达到90%以上，使全国奶牛良种覆盖率从现在的34%提高到70%左右，奶牛产奶性能得到明显的改善，平均个体年产奶量由3 000公斤增加到4 500公斤左右。补贴操作方法，由农业部畜牧主管部门公布通过专家评选的优质公牛和所属公牛站名单，各优势区域内的省级畜牧主管部门根据核准的奶牛补贴头数，与种公牛站签订合同。当地畜牧部门指定配种员，统一向本区域奶农提供配种服务，每剂冻精向农民少收10元费用。

为落实中央一号文件精神，农业部在黑龙江、河北、内蒙古和山西等4个奶业主产省区，选择了15个县，组织实施了奶牛良种补贴（试点）项目。2007年2月28日，农业部就贯彻落实《国务院关于促进畜牧业持续健康发展的意见》召开新闻发布会，介绍农业部奶牛良种补贴政策取得的成效。据新闻发言人王智才介绍，至2006年底，农业部奶牛良种补贴政策已经有4个省15个县扩大到了22个省的148个县，奶牛也从2005年的60万头增加到了410万头，激发了奶农的积极性。据统计，每户奶农可以节省50块钱的成本，直接增收大约1个亿。这些改良的奶牛每头可以提高单产500公斤，每年可以为每户奶农增收2 000到3 000元钱。这为奶业的健康发展起到了积极的作用。

2008年1月31日，农业部种植业管理司副司长王守聪、农业部畜牧业司副司长陈伟生接受中国政府网专访，就“发展农业生产，保障农产品供给”与网友在线交流。陈伟生表示，下一步农业部将重点采取以下措施：第一，加强奶牛良种繁育。2008年奶牛良种补贴资金将基本覆盖全国的荷斯坦奶牛；第二，协调有关部门尽快启动支持标准化养殖小区建设项目，引导和扶持奶牛养殖户向小区集中，推动规模化、标准化生产。把挤奶机械和储奶设备纳入了农机具补贴的范围；第三，深入贯彻《农民专业合作社法》，加强对奶业合作社的资金支持，维护奶农的利益。

2008年9月之后，因为三鹿奶粉被发现掺有三聚氰胺（大量食用可损害人体和动物的生殖、泌尿系统，产生肾、膀胱结石），一下子让中国的奶制品业走入寒冬。部分企业停产减产给奶农造成销售困难，河北、河南、天津、新疆和内蒙古等一些地区的奶源基地陆续出现了奶农倒奶的现象。为稳定奶牛养殖，促进奶业持续健康发展，财政部、农业部对倒奶严重地区特别困难的奶农实施临时救助补贴政策。至10月9日前，中央财政已紧急拨付了奶农临时救助补贴资金3亿元。

这笔临时救助补贴资金用于重点支持内蒙古、河北、辽宁、山西、山东、河南6个奶业主产省（区）特别困难的奶农。财政部表示，中央财政补贴资金采取切块一次性下达，由地方根据实际情况，结合地方财政补贴资金统筹安排使用。

同时，为加强中央财政补贴资金监管，财政部、农业部下发了《关于切实做好重点地区特别困难奶农临时救助工作的通知》。要求地方，一是尽快制定实施方案；二是做好逐户核实工作，据实核查补贴对象，并采取公示制；三是及时拨付和发放补贴资金；四是做好政策宣传，强化补贴政策落实的监督检查，保障奶农的切身利益。

5. 国家对保持农产品价格有何新举措

国际金融危机对中国经济的增长产生了一些负面影响，也波及到中国的农业和农村经济。当前，农产品价格的涨幅明显比以往下降，这是农业农村发展面临的突出问题。针对这一问题，2009 年国家将采取 5 项措施稳定农产品价格水平。这 5 项措施分别为：加大对农业的基础设施和科技服务等方面的投入以降低农民的经营成本，加大对农业的各项直接补贴，提高政府对粮食最低收购价格的水平，增加政府的储备和合理调控进出口。

目前，国家对农民的直接补贴主要有 4 个方面：一是种粮补贴；二是良种补贴；三是购买农机具补贴；四是农业生产资料价格综合补贴。2008 年，这些补贴共有 1 029 亿，2009 年预计会增加到 1 200 亿元左右，这将会直接增加农民的收入。2009 年，我国稻谷的收购价格，平均大概每 100 斤要提高 13 块钱，这是政府的最低收购价格，提价幅度在 13% ~16% 左右。今年，各类粮食的最低收购价格每斤提高 0.11 元左右。

政府储备是稳定粮食价格的一个重要方面。如果市场上粮食供大于求农产品价格就会下跌，政府会采取增加储备的办法，减少市场的流通量，使得供求达到平衡，价格就会处于合理的水平。除了政府增加储备之外，还鼓励商业、企业、加工企业增加商业性的储备。与此同时，从目前的情况来看，由于我国连续五年丰收，国内的粮食供给是比较充裕的；如果国际上有需要，中国会按照合理的价格适当地增加一部分粮食的出口，以保证全球的粮食安全，也保证国内粮食的供求平衡。总体来看，只要粮价能够保持在合理水平上，其他大多数农产品也就都能够有一个合理的价格水平。

二、农业贷款与保险

党和国家高度重视农业保险工作，通过多个文件提出了明确要求。

《国务院关于保险业改革发展的若干意见》明确提出，积极稳妥推进试点，发展多形式、多渠道的农业保险，扩大农业保险覆盖面，有步骤地建立多形式经营、多渠道支持的农业保险体系。

2005 年的中央一号文件关于农村金融工作的具体办法是加大政策性金融支农力度，增加支持农业和农村发展的中长期贷款，在完善运行机制基础上强化农业发展银行的支农作用，拓宽业务范围；要求有条件的地方，可以探索建立更加贴近农民和农村需要、由自然人或企业发起的小额信贷组织；加快落实对农户和农村中小企业实行多种抵押担保形式的有关规定；扩大农业政策性保险的试点范围，鼓励商业性保险机构开展农业保险业务。

创新性的农村金融体制改革是 2006 年中央一号文件里最大的亮点。它首先鼓励在县域内设立多种所有制的社区金融机构，允许私有资本、外资等参股；其次是大力培育自然人、企业法人、社团法人发起的小额贷款组织，引导农户发展资金互助组织，规范民间借贷。为“三农”补充血液主要是从两个方面进行。其一是通过改革，实现多元化的农村金融组织体系——既有国有又有民营，还有农民互助合作组织，借此多渠道地向“三农”输入资金；其二是增加农民用于发展的资金，也就是引导农民自我“造血”。文件明确了农业发展银行的改革方向，要求其拓宽业务范围和资金来源，支农的资金实力将会加强。

2007 年中央一号文件规定，要大幅度增加对“三农”的投入。要建立“三农”投入稳定增长机制，积极调整财政支出结构、固定资产投资结构和信贷投放结构，中央和县级以上地方财政每年对农业总投入的增长幅度应当高于其财政经常性收入的增长幅度，尽快形成新农村建设稳定的资金来源。加快制定农村金融整体改革方案，努力形成商业金融、合作金融、政策性金融和小额贷款组织互为补充、功能齐备的农村金融体系，探索建立多种形式的担保机制，引导金融机构增加对“三农”的信贷投放。加大支农资金整合力度，抓紧建立支农投资规划、计划衔接和部门信息沟通工作机制，完善投入管理办法，集中用于重点地区、重点项目，提高支农资金使用效益。

同时，建立农业风险防范机制。积极发展农业保险，按照政府引导、政策支持、市场运作、农民自愿的原则，建立完善农业保险体系。扩大农业政策性保险试点范围，各级财政对农户参加农业保险给予保费补贴，完善农业巨灾风险转移分摊机制，探索建立中央、地方财政支持的农业再保险体系。鼓励龙头企业、中介组织帮助农户参加农业保险。同时还要求，加强农产品进出口调控，加快实施农业“走出去”战略，搞好对农产品出口的信贷和保险服务。

2008 年中央一号文件重申加快农村金融体制改革和创新。加快推进调整放宽农村地区银行业金融机构准入政策试点工作。加大农业发展银行支持“三农”的力度。推进农业银行改革。继续深化农村信用社改革，加大支持力度，完善治理结构，维护和保持县级联社的独立法人地位。邮政储蓄银行要通过多种方式积极扩大涉农业务范围。积极培育小额信贷组织，鼓励发展信用贷款和联保贷款。通过批发或转贷等方式，解决部分农村信用社及新型农村金融机构资金来源不足的问题。加快落实县域内银行业金融机构将一定比例新增存款投放当地的政策。推进农村担保方式创新，扩大有效抵押品范围，探索建立政府支持、企业和银行多方参与的农村信贷担保机制。制定符合农村信贷业务特点的监管制度。加强财税、货币政策的协调和支持，引导各类金融机构到农村开展业务。完善政策性农业保险经营机制和发展模式。建立健全农业再保险体系，逐步形成农业巨灾风险转移分担机制。

2008 年 3 月 5 日，国务院总理温家宝作政府工作报告时明确表示，积极扩大农业保险范围，做好政策性农业保险试点工作。财政部提交的财政预算报告显示，2008 年中央财政将安排 60.5 亿元健全农业保险保费补贴制度，比 2007 年增加近两倍。

2008 年，国家开始统筹研究种植业和养殖业的保险保费补贴办法，探索建立农业保险再保险制度及巨灾风险保险体系。"两会"期间，财政部部长谢旭人在接受媒体采访时也表示，进一步推进农业保险制度改革：加大保费补贴力度，将油料作物以及奶牛纳入补贴品种；稳步推广保费补贴试点省份，提高保费补贴比例，将中央财政对种植业保险的保费比例提高至 35%。

据悉，保监会将积极配合国务院法制办和有关部门制定政策性农业保险条例，为政策性农业保险的发展提供制度保证。

2009 年，国家将在增强农村金融服务能力方面加大力度。国家将制定鼓励县域内银行业金融机构新吸收的存款主要用于当地发放贷款的实施办法，建立独立考核机制。将加快发展多种形式新型农村金融组织和以服务农村为主的地区性中小银行。鼓励和支持金融机构创新农村金融产品和金融服务，大力发展小额信贷和微型金融服务，农村微小型金融组织可通过多种方式从金融机构融入资金。积极扩大农村消费信贷市场。依法开展权属清晰、风险可控的大型农用生产设备、林权、四荒地使用权等抵押贷款和应收账款、仓单、可转让股权、专利权、商标专用权等权利质押贷款。国家还将出台对涉农贷款定向实行税收减免和费用补贴、政策性金融对农业中长期信贷支持、农民专业合作社开展信用合作试点的具体办法。放宽金融机构对涉农贷款的呆账核销条件。加快发展政策性农业保险，扩大试点范围、增加险种，加大中央财政对中西部地区保费补贴力度，加快建立农业再保险体系和财政支持的巨灾风险分散机制，鼓励在农村发展互助合作保险和商业保险业务。探索建立农村信贷与农业保险相结合的银保互动机制。

第四节　农业基础设施建设政策

一、加快农业基础建设　提高现代农业设施装备水平

改善农业设施装备，是建设现代农业的重要内容。必须下决心增加投入，加强基础设施建设，加快改变农村生产生活条件落后的局面。

（1）大力抓好农田水利建设。要把加强农田水利设施建设作为现代农业建设的一件大事来抓。加快大型灌区续建配套和节水改造，搞好末级渠系建设，推行灌溉用水总量控制和定额管理。扩大大型泵站技术改造实施范围和规模。农业综合开发要增加对中型灌区节水改造投入。加强丘陵山区抗旱水源建设，加快西南地区中小型水源工程建设。增加小型农田水利工程建设补助专项资金规模。加大病险水库除险加固力度，加强中小河流治理，改善农村水环境。引导农民开展直接受益的农田水利工程建设，推广农民用水户参与灌溉管理的有效做法。

（2）切实提高耕地质量。强化和落实耕地保护责任制，切实控制农用地转为建设用地的规模。合理引导农村节约集约用地，切实防止破坏耕作层的农业生产行为。加大土地复垦、整理力度。按照田地平整、土壤肥沃、路渠配套的要求，加快建设旱涝保收、高产稳产的高标准农田。加快实施沃土工程，重点支持有机肥积造和水肥一体化设施建设，鼓励农民发展绿肥、秸秆还田和施用农家肥。扩大土壤有机质提升补贴项目试点规模和范围。增加农业综合开发投入，积极支持高标准农田建设。

（3）加快发展农村清洁能源。继续增加农村沼气建设投入，支持有条件的地方开展养殖场大中型沼气建设。在适宜地区积极发展秸秆气化和太阳能、风能等清洁能源，加快绿色能源示范县

建设，实施西北地区百万户太阳灶建设工程。加快实施乡村清洁工程，推进人畜粪便、农作物秸秆、生活垃圾和污水的综合治理和转化利用。加强农村水能资源开发规划和管理，扩大小水电代燃料工程实施范围和规模，加大对贫困地区农村水电开发的投入和信贷支持。

（4）加大乡村基础设施建设力度。“十一五”时期，要解决1.6亿农村人口的饮水安全问题，优先解决人口较少民族、水库移民、血吸虫病区和农村学校的安全饮水，争取到2015年基本实现农村人口安全饮水目标，有条件的地方可加快步伐。加大农村公路建设力度，加强农村公路养护和管理，完善农村公路筹资建设和养护机制。继续推进农村电网改造和建设，落实城乡同网同价政策，加快户户通电工程建设，实施新农村电气化建设“百千万”工程。鼓励农民在政府支持下，自愿筹资筹劳开展农村小型基础设施建设。治理农村人居环境，搞好村庄治理规划和试点，节约农村建设用地。继续发展小城镇和县域经济，充分发挥辐射周边农村的功能，带动现代农业发展，促进基础设施和公共服务向农村延伸。

2009年的一号文件强调了5个方面的建设重点：

① 农村电网建设。大的电网建设覆盖农村人口已经达到了95%左右，还有5%左右要通过其他的措施加快电网对他们的覆盖或者是供电对他们的保障。其中最重要的一条是要实现城乡之间用电的同网同价。

② 乡村道路建设。这在文件中有明确的规定，到目前为止大概全国有87%左右的行政村都已经通公共客车，通达率要进一步提高。

③ 要加快农村饮水安全工程建设。从今年开始，每年要解决6 000万以上农民的安全饮水问题。

④ 加快农村沼气建设。过去中央财政每年投入沼气20亿元左右，今年在这个水平上要进一步提高，以便每年能够解决400万到600万左右农民家庭使用沼气。

⑤ 农村危房改造进行试点。在国营农场和国营林场等一些过去长期被忽视的地方加快推进建设。

（5）发展新型农用工业。积极发展新型肥料、低毒高效农药、多功能农业机械及可降解农膜等新型农业投入品。优化肥料结构，加快发展适合不同土壤、不同作物特点的专用肥、缓释肥。加大对新农药创制工程支持力度，推进农药产品更新换代。加快农机行业技术创新和结构调整，重点发展大中型拖拉机、多功能通用型高效联合收割机及各种专用农机产品。尽快制定有利于农用工业发展的支持政策。

（6）提高农业可持续发展能力。鼓励发展循环农业、生态农业，有条件的地方可加快发展有机农业。继续推进天然林保护、退耕还林等重大生态工程建设，进一步完善政策、巩固成果。启动石漠化综合治理工程，继续实施沿海防护林工程。完善森林生态效益补偿基金制度，探索建立草原生态补偿机制。加快实施退牧还草工程。加强森林草原防火工作。加快长江、黄河上中游和西南石灰岩等地区水土流失治理，启动坡耕地水土流失综合整治工程。加强农村环境保护，减少农业面源污染，搞好江河湖海的水污染治理。

二、突出抓好农业基础设施建设

加强以农田水利为重点的农业基础设施建设是强化农业基础的紧迫任务。必须切实加大投入力度，加快建设步伐，努力提高农业综合生产能力，尽快改变农业基础设施长期薄弱的局面。

（1）狠抓小型农田水利建设。抓紧编制和完善县级农田水利建设规划，整体推进农田水利工程建设和管理。大幅度增加中央和省级小型农田水利工程建设补助专项资金，将大中型灌区末级渠系改造和小型排涝设施建设纳入补助范围。以雨水集蓄利用为重点，兴建山区小型抗旱水源工程。采取奖励、补助等形式，调动农民建设小型农田水利工程的积极性。推进小型农田水利工程产权制度改革，探索非经营性农村水利工程管理体制改革办法，明确建设主体和管护责任。支持农民用水合作组织发展，提高服务能力。

（2）大力发展节水灌溉。继续把大型灌区节水改造作为农业固定资产投资的重点，力争到 2020 年基本完成大型灌区续建配套与节水改造任务。农业综合开发要增加中型灌区骨干工程和大中型灌区田间节水改造资金投入。搞好节水灌溉示范，引导农民积极采用节水设备和技术。扩大大型灌溉排水泵站技术改造规模和范围，实施重点涝区治理。对农业灌排用电给予优惠。

（3）抓紧实施病险水库除险加固。大幅度增加病险水库除险加固资金投入，健全责任制，加快完成大中型和重点小型病险水库除险加固任务。加快编制重点地区中小河流治理规划，增加建设投入，中央对中西部地区给予适当补助。引导地方搞好河道疏浚。深化水利工程管理体制改革，进一步落实库区移民政策。加快西南地区中小型水源工程建设。扩大实施山洪灾害防治试点，加强地质灾害防治工作。

（4）加强耕地保护和土壤改良。严格执行土地利用总体规划和年度计划，全面落实耕地保护责任制，建立和完善土地违法违规案件查处协调机制，切实控制建设占用耕地和林地。土地出让收入用于农村的投入，要重点支持基本农田整理、灾毁复垦和耕地质量建设。继续增加投入，加大力度改造中低产田。加快沃土工程实施步伐，扩大测土配方施肥规模。支持农民秸秆还田、种植绿肥、增施有机肥。加快实施旱作农业示范工程，建设一批旱作节水示范区。

（5）加快推进农业机械化。加快推进粮食作物生产全程机械化，稳步发展经济作物和养殖业机械化。加强先进适用、生产急需农业机械的研发，重点在粮食主产区、南方丘陵区和血吸虫疫区加快推广应用。完善农业机械化税费优惠政策，对农机作业服务实行减免税，对从事田间作业的拖拉机免征养路费，继续落实农机跨区作业免费通行政策。继续实施保护性耕作项目。扶持发展农机大户、农机合作社和农机专业服务公司。加强农机安全监理工作。

(6) 继续加强生态建设。深入实施天然林保护、退耕还林等重点生态工程。建立健全森林、草原和水土保持生态效益补偿制度，多渠道筹集补偿资金，增强生态功能。继续推进山区综合开发，促进林业产业发展。落实草畜平衡制度，推进退牧还草，发展牧区水利，兴建人工草场。加强森林草原火灾监测预警体系和防火基础设施建设。继续搞好长江、黄河、东北黑土区等重点流域、区域水土保持工作。加强荒漠化、石漠化治理，加大坡改梯、黄土高原淤地坝和南方崩岗治理工程建设力度，加强湿地保护，促进生态自我修复。加强农村节能减排工作，鼓励发展循环农业，推进以非粮油作物为主要原料的生物质能源研究和开发。加大农业面源污染防治力度，抓紧制定规划，切实增加投入，落实治理责任，加快重点区域治理步伐。

三、在切实加大“三农”投入方面有什么举措

在投入方面，要做到两个“坚持”：坚持做到县级以上各级财政每年对农业总投入增长幅度高于其财政经常性收入增长幅度，坚持把国家基础设施建设和社会事业发展的重点转向农村。

除了财政支农投入的增量、国家固定资产投资用于农村的增量和政府土地出让收入用于农村建设的增量（三个“增量”）明显高于上年外，在税的使用方面，要注意两方面：一是耕地占用税新增收入主要用于“三农”，重点加强农田水利、农业综合开发和农村基础设施建设；二是完善城市维护建设税政策，各地预算安排的城市维护建设支出要确定部分资金用于乡村规划、基础设施建设和维护。

从2008年起，国家在国家扶贫开发工作重点县新安排的病险水库除险加固、生态建设等公益性强的基本建设项目，根据不

同情况，逐步减少或取消县及县以下资金配套。

第五节　农业科技和服务支撑政策

一、农业科技进村入户政策

科技进步是突破资源环境和市场对我国农业双重制约的根本出路。我们应着力强化农业科技和人才支撑，加快推进农业科技研发和推广应用，提高农业抵御自然风险能力，切实加大对公益性服务的支持力度，健全农业社会化服务体系。

2006年中央一号文件提出要大规模开展农村劳动力技能培训，提高农民务农技能，促进科学种田。加快建立政府扶助、面向市场、多元办学的培训机制。各级财政要将农村劳动力培训经费纳入预算，不断增加投入。

2007年中央一号文件提出，要推进农业科技创新，强化建设现代农业的科技支撑。着力扶持对现代农业建设有重要支撑作用的技术研发。同时推进农业科技进村入户。积极探索农业科技成果进村入户的有效机制和办法，形成以技术指导员为纽带，以示范户为核心，连接周边农户的技术传播网络。继续加强基层农业技术推广体系建设，健全公益性职能经费保障机制，改善推广条件，提高人员素质。推进农科教结合，发挥农业院校在农业技术推广中的积极作用。增大国家富民强县科技专项资金规模，提高基层农业科技成果转化能力。继续支持重大农业技术推广，加快实施科技入户工程。着力培育科技大户，发挥对农民的示范带动作用。

2007年《政府工作报告》也提出，要加快农业科技进步。加强农业科技创新能力建设，支持农业科技项目，加快农业科技成果转化，完善基层农业技术推广和服务体系，鼓励农业科技进村入户。

2007年6月15日，农业部发布《农业科技发展规划

(2006～2020年)》，提出要实施科技推广示范工程，以推广主导品种和主推技术为载体，以实施主体培训为手段，提高成果转化率和农民对科技的吸纳能力，促进农业知识、技术、信息、服务进村入户。其中要开展的主要工程包括农业科技入户示范工程和新型农民培训工程。为保障规划的实施，要完善几大体系建设，主要有建设新型农业科技创新体系，完善农业技术推广体系，健全农民科技培训体系。

2008年中央一号文件，第一次明确提出了人才智力支撑。确定了三点：一、明确要求加大投入的力度，中央和省级财政都要加大；二、明确要求采取多种有效的形式和针对性更强的措施对农民加强培训，一是提高在家务农农民的种田水平，二是对外出就业的农民，要提高他们的就业能力，要在农民中培训一批中高级技工；三、明确要求强调发展农村专业合作组织，另外在农民中也要培养现代农业的经营者，还要提高为他们服务的农村公共人员的能力。

2009年中央一号文件提出，支持科技人员和大学毕业生到农技推广一线工作。开展农业科技培训，培养新型农民。采取委托、招标等形式，引导农民专业技术协会等社会力量承担公益性农技推广服务项目。

二、农业信息化发展政策

中国作为世界最大的发展中国家和传统的农业大国，农业信息技术有着巨大的应用空间和广阔的发展前景。

2005年《中共中央国务院关于进一步加强农村工作提高农业综合生产能力若干政策的意见》提出“加强农业信息化建设”。

2006年《中共中央国务院关于推进社会主义新农村建设的若干意见》提出：“要积极推进农业信息化建设，充分利用和整合涉农信息资源，强化面向农村的广播电视电信等信息服务，重点抓好‘金农’工程和农业综合信息服务平台建设工程。”

2007年《中共中央国务院关于积极发展现代农业扎实推进社会主义新农村建设的若干意见》首次将信息化明确为农业“三化”（水利化、机械化、信息化）的一个重要组成部分加以强调，并把“加快农业信息化建设”单独作为一个条目进行全面部署和安排。文件提出，用信息技术装备农业，对于加速改造传统农业具有重要意义。健全农业信息收集和发布制度，整合涉农信息资源，推动农业信息数据收集整理规范化、标准化。加强信息服务平台建设，深入实施“金农”工程，建立国家、省、市、县四级农业信息网络互联中心。加快建设一批标准统一、实用性强的公用农业数据库。加强农村一体化的信息基础设施建设，创新服务模式，启动农村信息化示范工程。积极发挥气象为农业生产和农民生活服务的作用。鼓励有条件的地方在农业生产中积极采用全球卫星定位系统、地理信息系统、遥感和管理信息系统等技术。

2008年中央一号文件提出，积极推进农村信息化。按照求实效、重服务、广覆盖、多模式的要求，整合资源，共建平台，健全农村信息服务体系。推进“金农”、“三电合一”、农村信息化示范和农村商务信息服务等工程建设，积极探索信息服务进村入户的途径和办法。在全国推广资费优惠的农业公益性服务电话。健全农业信息收集和发布制度，为农民和企业提供及时有效的信息服务。

2008年3月11日，《农业部关于继续推进发展现代农业重点行动的意见——现代农业设施装备加强行动实施方案》提出，要推进农业信息化工作。其中包括：1. 加快实施“金农”工程。加强“金农”工程项目管理，加快搞好中央本级项目实施。加强对地方项目的指导与协调，督促地方抓紧“金农”工程项目的实施。2. 大力推动“三电合一”工程。组织好2008年项目建设准备工作，对“三电合一”建设模式进行研讨，对“三电合一”规划进行完善。3. 积极组织农村信息化示范工程。加强对 100 个农村信息化示范单位的示范工作指导，研究制定信息化示范要求。4．健全完善农业信息发布制度。制定《2008 年农业部经济信息发布日历》，按计划审核各单位提供的信息并通过“五个一”窗口发布。推动省级农业部门建立经济信息发布制度。

第五章　农村市场发展和经济组织政策

【相关政策】

1.《商务部关于贯彻落实〈中共中央国务院关于切实加强农业基础建设进一步促进农业发展农民增收的若干意见〉的意见》（商建发［2008］28号，2008年2月2日）

2.《中共中央国务院关于切实加强农业基础建设进一步促进农业发展农民增收的若干意见》（中发〔2008〕1号，2007年12月31日）

3.《农民专业合作社登记管理条例》（2007年7月1日起施行）

4.《中华人民共和国农民专业合作社法》（2007年7月1日起施行）

5.《商务发展第十一个五年规划纲要》（2006年10月）

6.《国内贸易发展“十一五”规划》（商建发［2006］349号，2006年7月26日）

7.《全国供销总社关于实施“千社千品”富农工程的意见》（供销合字［2006］18号，2006年4月24日）

8.《中共中央国务院关于推进社会主义新农村建设的若干意见》（2005年12月31日）

第一节　农村市场培育政策

一、什么是农村市场

1. 何为农村市场

农村市场是以农村为范围的商品流通领域。农村是城市工业所生产的产品和消费资料的市场，同时也向城市供应各种农产品。十七届三中全会决定指出，“开拓农村市场，推进农村流通现代化”。

2．我国农村市场分为哪几类

我国的农村市场主要有三类：

（1）农村集贸市场，它是我国农村市场中主要的、众多的一种市场。

（2）农产品批发市场，它是我国经济体制改革，特别是流通体制改革产生的新产物，也是农村实行联产承包责任制后商品经济大发展的产物。具有批量大、距离远、流量快、辐射面广的特点，在搞好商品流通加速商品周转中起着重要作用。

（3）专业市场，它是在商品经济迅速发展的过程中逐渐形成的。其特点有：远程贸易，面向全国；分散经营，竞争激烈；专业分工，市场调节。

3．我国农村市场有哪些特征

我国农村市场相对城市市场具有自己的特点：市场发展的规模和速度取决于农业生产，农业生产又在很大程度上取决于自然条件。

如果按照“大农村市场”理论，农村市场已不再是真正地域意义上的农村市场，它代表了一定的消费能力和层次。在划分上除了真正意义上的农村外，还包括县、县级市和中小城镇。我国现有总人口13亿多，而“大农村市场”人口达11亿之多，占人口总数的近90%。

二、农村市场调控政策

1．农村市场调控的功能是什么

农村市场调控主要是政府运用经济，法律，行政手段对农业的生产、销售，以及农村各项政策和农民生活问题的宏观调控，其目的就是避免市场在资源配置中的弱点和缺陷，巩固我国农业的基础地位，加快农村的建设和发展，提高农民的生活水平。

在我国，东部农村市场调控的目的主要是加快农产品种植基地的形成，推广大面积的养殖技术，改善农产品的销售渠道，提高粮食收购价格，维护农民种粮的积极性。加快农村城镇化建设，发展现代化新农村。而西部主要是政策的倾斜，经济的扶持，加快西部特别是贫困地区的经济发展速度，改善农村地区用电、用水条件，在适合畜牧业发展的地区，大力推行畜牧业养殖，利用当地的资源优势，推动经济发展。

农产品流通不畅已经成为制约农民收入提高的重要原因。要拓宽我国农村地区农产品流通渠道，必须依靠强有力的农村市场调控政策。

2. 农村市场调控的手段有哪些

农村市场调控主要是通过财政、信贷、法律、行政等手段实现的。

（1）财政手段

财政手段是一种由政府直接掌握、灵敏高效的调控手段。财政手段主要包括税收和农业财政支出两个方面。

1）农业税收。

税收政策主要通过税目的增减、税率的变动、税收的附加、减免加以实施。为了搞活我国的农产品流通，政府在流通的各个环节都可以通过税收政策实现宏观调控的目的。

2）财政直接投资。

我国目前的财政直接投资重点应该放在如下几个方面：

一是通过对政府专项储备农产品的吞进与吐出，调节农产品的供求，稳定市场价格，这是国家对农产品流通活动进行宏观调控的有效手段之一。

二是加大对农村农产品流通基础设施的投入。一方面是加大对农村农产品批发市场基础设施建设的投入，包括农产品加工、储藏、保鲜、运输、分级检验等流通基础设施建设。另一方面是要加大投入，建立一个高效、准确的农产品经济信息系统，竭力为农业结构战略性调整和农民增收提供及时、准确的信息服务。

（2）金融手段

农业金融政策是国家利用货币、利率、信贷等金融手段对农业经济活动进行调节与控制的规则，主要包括农业金融体系方面的政策措施、利率优惠政策措施及优惠利率条件下信贷规模与信贷结构方面的政策措施。

(3) 法律手段

法律手段就是通过市场法律、法规和制度的完善理顺我国的农产品流通。

(4) 行政手段

采取行政手段应该做到：1）有法可依，照章行事，如严格遵守《行政诉讼法》。应当以说明、教育、引导为主，再辅以必要的强制手段。2）行政手段的使用不能伤害市场机制的发育，而且要积极促进市场发育，配合法律手段，维护公平竞争。3）应避免以罚代法，如对一些违法乱纪、严重扰乱市场的经营者，触犯法律的，一定要绳之以法，不能以工商处罚或其他行政处罚代替；对应该停止经营的，一定要吊销执照，清除出市。4）应采取有效措施，防止和打击地区封锁、行业垄断和部门割据，如设关卡、搞禁运，姑息、纵容本地区、本行业、本部门的违法乱纪行为，为农产品流通的顺畅创造良好的外部环境，维护流通秩序。

三、农村市场流通政策

2007 年中央一号文件指出，“建设发达的物流产业和完善的市场体系，是建设现代农业的重要保障，是推进社会主义新农村建设的重要内容。必须强化农村流通基础设施建设，发展现代流通方式和新型流通业态，培育多元化、多层次的市场流通主体，构建开放统一、竞争有序的市场体系。”

1. 农村流通设施建设支持政策

(1) 国家将采取优惠财税措施，支持农村流通基础设施建设和物流企业发展。拓宽投资渠道，鼓励和引导社会资金投资农村流通领域。重点加快建设“万村千乡市场”、“双百市场”（指通过推动农产品批发市场升级改造，促进农产品流通的标准化和规范化；通过发展农产品连锁经营促进农产品流通的规模化和现代化。“双百市场工程”的主要内容，一是重点改造100家大型农产品批发市场，重点加强基础设施和准公益设施建设；二是着力培育100家大型农产品流通企业，重点加强农产品冷链系统与配送中心的建设，推动农产品流通规模化和现代化，提高优势农产品市场营销水平，探索和推广贸工农一体化、内外贸相结合的经营模式）、“新农村现代流通网络”（指在改造传统经营网络的基础上，加快实施新农村现代流通网络工程，统筹规划农业生产资料现代经营服务网络、农副产品市场购销网络、农村日用消费品现代经营网络和再生资源回收利用网络建设）和“农村商务信息服务”等工程。

（2）继续推进农产品批发市场建设和升级改造，特别要加大对中西部地区农产品批发市场建设支持力度，加强农产品批发市场信息、检验检测系统、仓储和运输等设施建设和改造，加快形成布局合理、功能齐全、安全卫生的全国性骨干农产品批发市场网络。积极发展以鲜活农产品冷藏和低温仓储、运输为主的冷链物流系统，提高农产品冷藏保鲜能力与市场均衡供应能力。

（3）扶持化肥集中产区和粮食主产区建设农业生产资料仓储、码头与运输等物流基础设施，配套完善信息与技术服务体系，形成具有辐射带动功能的区域性农业生产资料物流配送中心，构建支撑农业生产资料流通的配送、信息服务和技术服务平台。

2．大力发展农村现代流通方式

（1）对农资和农村日用消费品连锁经营，实行企业总部统一办理工商注册登记和经营审批手续，大力发展农村连锁经营、物流配送、电子商务等现代流通方式，推动交易方式、服务功能、管理制度、经营技术的创新，全面推进农产品、农业生产资料和农村生活消费品流通网络建设。

（2）鼓励农产品批发市场创新流通方式，推进入市农产品质量等级化、包装标准化和经营规范化，支持农产品批发市场，培育品牌农产品。

(3) 积极引导、鼓励农产品批发市场和流通企业与农产品生产基地建立长期产销联盟。建立农产品“从农田到市场”直达快速通道，清除城乡流通壁垒，降低物流运输费用，促进鲜活农产品跨地区流通，形成畅通、便捷、低成本的城乡农产品物流网络。

(4) 建立以集中采购、统一配送为核心的农资流通体系，提高大型连锁化农资流通企业的市场占有率。鼓励各类投资主体依法进入农业生产资料流通，建立以农业生产资料配送中心为枢纽、以农资超市和便民店为终端的新型供应体制。建立农资流通企业信用档案，建立质量保障和损害赔偿机制。鼓励农资经营企业发展“庄稼医院”，把农资经营与农资科技服务结合起来，指导农民科学合理施肥用药，提高农资施用效能。加强农村日用品连锁配送经营网络建设。积极发展农村日用品超市，优化农民购物环境。完善农村大件和耐用消费品的销售与维修服务体系。

3. 积极发展多元化市场流通主体

(1) 加快培育农村经纪人、农产品运销专业户和农村各类流通中介组织。加强培训和业务指导，支持其与农产品批发市场、农产品流通企业建立合作关系。

(2) 积极培育和引导一批有著名品牌和自主知识产权、主业突出、核心竞争力强、具有国际竞争力的大型流通企业以直接投资或特许加盟的方式将现代流通方式由城市延伸到农村。

(3) 支持中小型农村流通企业发展，在市场准入、信用担保、金融服务、人才培训、技术改造等方面给予扶持。

(4) 鼓励和支持供销合作社推进开放办社，发展联合与合作，提高经营活力和市场竞争力。邮政系统要发挥邮递物流网络的优势，拓展为农服务领域。

4. 加强农村市场流通服务体系建设

(1) 加强农村信息服务体系建设，整合现有信息资源，采用电脑、电视、电话等多种信息传播手段，采取多种信息服务方式，建立起既能为农民提供农产品交易服务，又能为农民生产生活提供服务的信息平台。加强农村市场预测、预警分析，建立农村市场突发事件应急调控快速反应机制。

（2）创新信贷服务模式，探索部门或单位为企业提供贷款担保的信贷方式，满足流通企业资金需要。

（3）进一步改善农产品流通环境，继续推动建立全国性支持鲜活农产品运销的“绿色通道”，对运输鲜活农产品的车辆给予降低收费标准甚至免除通行费的优惠，加快形成流通成本低、运行效率高的农产品营销网络。保障农用生产资料供应，整顿和规范农村市场秩序，严厉惩治坑农害农行为。

第二节　农村经济组织政策

一、农村经济组织及其类型

1. 农村经济组织有什么作用

农村经济组织是由生产经营同类产品的农民、农业生产经营组织自愿组织起来，以提高农民的组织化程度、提高农产品的市场竞争力、增加农民收入为目的，在劳动、技术、资金、信息、购销、加工、储运等环节上，实行自我管理、自我服务、自我发展的一种组织形式。它包括农民专业合作经济组织和农业产业协会。2007 年中央一号文件提出，“认真贯彻农民专业合作社法，支持农民专业合作组织加快发展。”

它具有以下作用：

（1）传播技术、信息。它能完善农业社会化服务体系，解决市场需要什么，什么能赚钱，农民种什么、怎样种的事情，丰富了为农服务的内涵。

（2）组织农业生产经营。它将许多单一的弱小的农民个体经营者和经营组织联系起来，引导标准化生产，统一品牌经营，拓展市场，提高农产品质量和市场竞争力。

（3）服务产业化经营。它能促使龙头企业与农户的有序对接，实行产供销、贸工农各环节的有机结合，吸引资本加速向农业流动，促进优势整合和利益互补，实现资源的优化配置。

（4）协调行业自律。能避免农户之间及其与企业、市场的无序竞争，增强产业的集聚度和行业凝聚力，维护行业的规范发展和农民利益。

（5）联系政府与农民。它能将政府和农民紧密联系起来，一方面能帮助政府在农村更加有效地落实相关农业政策，另一方面能有效地、及时地、准确地向政府反映农民的愿望和要求，为政府宏观调控经济政策提供依据。

2. 农村经济组织有哪些类型

（1）专业大户牵头型

即由种植、养殖大户或经营能手牵头，积极吸纳农户参加，以从事农产品产购销为主，形成“协会+农户”的运行机制。

（2）龙头企业带动型

即以龙头企业为依托，由农民组建专业合作组织，形成“龙头企业+专业合作组织+农户”的产业化运行模式。这样，一方面能依托企业强大的经济实力，为会员解决生产资金、农资等方面的困难；另一方面积极与企业配合，按企业要求指导会员进行标准化生产，提供销售服务。

（3）主导产品带动型

以某一农产品为主，成立专业协会，建章立制，联结分散农户，形成“主导产品+专业合作组织+农户”的运作形式，增强市场竞争力，促进支柱产业的形成，增加农民收入。

（4）基地带动型

以本区域的产品基地为基础，以技术、资金、土地等生产要素为纽带，通过“基地+专业合作组织+农户”的运作形式，带动农民致富。

（5）股份合作型

即由农户、集体和企业自愿组合，共同出资，共同经营，风险共担，利益共享而建立的紧密型专业合作经济组织。

（6）政府牵头型

例如，新疆库尔勒市蔬菜专业技术协会，由库尔勒市副食办牵头创办。目前拥有会员200余人，2个经济实体，12个蔬菜生产基地，固定资产达220万元。昌吉回族自治州奶农协会、呼图壁县二十里店乡养牛协会、阜康市三工乡蟠桃协会等，都是由政府发起组织，农民自愿入会，主管领导任协会负责人。

二、农村经济组织的成立

1. 成立农村经济组织需注意的事项

（1）农民专业合作社在哪一级工商部门登记注册？具体由哪个部门负责办理？

设立农民专业合作社，应当向所在地的县（市）、区工商行政管理部门、地级市工商行政管理局的分局申请登记。经工商部门登记并核发营业执照后，农民专业合作社即取得法人资格。一般的工商局登记注册大厅的登记窗口具体负责办理农民专业合作社登记，提供农民专业合作社登记申请、受理、审批一站式服务。

（2）申请设立农民专业合作社的条件

注册登记农民专业合作社的门槛相对比较低，具体条件有五个：

1）有5名以上符合法律规定的成员。

2）有符合法律规定的章程。

3）有符合法律规定的组织机构。

4）有符合法律、行政法规规定的名称和章程确定的住所。

5）有符合章程规定的成员出资。

农民专业合作社的成员中，农民至少应当占成员总数的80%。成员总数20人以下的，可以有一个企业、事业单位或者社会团体成员；成员总数超过20人的，企业、事业单位和社会团体成员不得超过成员总数的5%。具有管理公共事务职能的单位不得加入农民专业合作社。

（3）农民专业合作社的工商登记是否收费

工商部门对农民专业合作社的登记管理按照“登记不收费、处罚不罚款”的原则，办理农民专业合作社登记不收取费用；如（登记费、执照工本费等）；工商部门依法对农民专业合作社的经营活动进行监督管理，有违反工商法规的，责令改正，不做经济上的处罚，情节严重的，吊销其农民专业合作社法人营业执照。

（4）工商部门完成登记的时限

登记机关按规定优先办理农民专业合作社登记。登记机关自受理登记申请之日起20日内办理完毕，向符合登记条件的申请者颁发营业执照。

（5）农民专业合作社的业务范围有哪些？

农民专业合作社以其成员为主要服务对象，业务范围可以有农业生产资料购买，农产品销售、加工、运输、贮藏以及与农业生产经营有关的技术、信息等服务。法律规定农民专业合作以“对内服务”为主，但没有禁止兼顾对农民专业合作社以外的盈利性服务，即农民专业合作社是“对内服务，对外盈利”的互助性经济组织。

（6）哪些业务项目需要办理前置许可？

涉及登记前置许可的经营项目，如“种子生产经营”、“种畜禽生产经营”等，应当按照国民经济行业分类标准的中类或者小类核定业务范围。

（7）农民专业合作社法人与企业法人有何不同？

农民专业合作社以服务成员为宗旨，合作社与成员间的交易是不盈利的，而企业则是盈利性的经济组织；农民专业合作社以农民成员为主体，农民成员至少必须占成员总数的80%，企业通常没有对特定身份出资人的比例限制；农民专业合作社以本社成员为主要服务对象，提供产前、产中、产后的技术、信息、生产资料购买和农产品的销售、加工、运输、贮藏等服务，而企业面向社会提供产品或服务；农民专业合作社成员地位平等，实行民主管理，而一般的企业法人是以股东持有的股份为决策机制的基础。此外，农民专业合作社的成员出资总额没有最低限制。

在参与市场活动中，农民专业合作社与其他市场主体一样，要承担有关责任、履行有关的义务。国家大力支持农民专业合作社的发展，《农民专业合作社法》第七章专门规定了国家在财政扶持、金融支持、税收优惠等方面的扶持政策。

图 5-1 2006 年 8 月，青州市南张楼村成立果蔬合作社

2. 成立农村经济组织有哪些程序

1）填写申请表格。表格可在登记注册大厅领取。

2）业务范围涉及登记前置许可的（如“种子生产经营”、“种畜禽生产经营”等），先在工商部门办理农民专业合作社名称预先核准，凭《农民专业合作社名称预先核准通告书》到有关部门办理登记注册的前置许可。

3）向登记窗口提交登记表格及有关材料。

4）申请人提交材料齐全、符合法定形式的，登记窗口人员予以受理，经核准后发给营业执照。

3. 成立农村经济组织需要提交哪些材料

根据《农民专业合作社登记管理条例》有关规定，一般情形下，成立农村经济组织需要提交材料有：

1）法定代表人（农民专业合作社理事长）签署的农民专业合作社设立登记申请书；

2）全体设立人签名、盖章的设立大会纪要；

3）全体设立人签名、盖章的章程；

4）法定代表人、理事的任职文件和身份证明；

5）全体出资成员签名、盖章的出资清单；

6）法定代表人签署的成员名册及成员身份证明复印件；

7）住所使用证明；

8）指定代表或者委托代理人的证明；

9）名称预先核准通知书（经名称预先核准的须提交）；

10）业务范围涉及前置许可的，须提交前置许可证件或批准文件。

其中住所使用证明包括：以成员自有场所作为住所的，应当提交该农民专业合作社有权使用的证明及场所的产权证明；租用他人场所的，应当提交租赁协议及场所的产权证明；因场所在农村没有房管部门颁发的产权证明的，可提交场所所在地村民委员会出具的证明。

三、农村经济组织如何运行

1. 自愿、自主、自治

农村专业合作经济组织是农民自己的联合体，民办性、合作性是它的基本特性。在指导其发展过程中，务必尊重农民的意愿，尊重其自主权，积极引导，切不可行政干预，更不能包办代替，把它搞成“官办”色彩。

2. 围绕支柱产业和主导产品发展

做大做强支柱产业和主导产品，尤其是培育有地方特色的优势产业，是推进区域化布局、专业化生产的需要。比较突出的优势产业一般有较高的经济效益和较强的市场竞争力，农民种养也有习惯和经验，农民对组建和参与农村专业合作经济组织有较大的愿望。因此，围绕支柱产业和主导产品组建的农村专业合作组织往往生命力较强，在它的带动下，有利于优势的强化和提升，有利于将产品优势转化为品牌优势。

3. 多样化发展

在合作方式上采取多类型，可以是农民专业合作社，也可以是农业产业协会。在合作内容上采取多领域，可以是劳动合作，也可以是劳动与资本合作。在合作机制上采取多形式，可以是股份合作制，也可以是合作制。在合作渠道上采取多方位，可以提供技术、农资、信息、产品收购等一项或多项服务，也可以提供产前、产中、产后系列化服务。在牵头部门上采取多元化，可以由农村专业大户、经营能人牵头兴办，可以依托龙头企业或生产基地兴办，还可以由农技部门、供销部门等牵头兴办。在合作范围上采取多层次，可以由村一级、乡镇一级办，也可由县级办；同类型的专业合作组织还可以组建联合组织，跨地区跨行业地扩大合作领域。

4. 边发展、边规范

对农村专业合作经济组织的管理，要牢牢把握一手抓发展，一手抓规范。抓发展，就要坚持条件，因地制宜，既不一哄而起，也不因循守旧，在产业比较明显有带头人的镇、乡、村率先突破，做到成熟一个发展一个。抓规范，就要按市场经济法则和专业合作经济组织的属性，正确地加以引导和指导。重点在内部管理和运行机制上下功夫，按合作制原则，建立健全民主管理制度，利益分配制度、财务管理制度以及其他的议事规则。通过完善的制度处理好内部的利益关系、社区合作经济组织和有关部门的关系、社员的权利义务关系，从而使合作方式、组织形式、经营项目、办社宗旨等得到严格规范。

5. 探索有效的运行机制

民办、民管、民受益是农村专业合作经济组织区别于其他经济组织的本质所在。它不同于一般的企业、社会团体，是一种比较特殊的法人主体。在发展中既要体现公平，又要体现效率；既要讲求服务，又要讲求赢利；既要注重消费，又要注重积累。探索现阶段符合农村实际的专业合作经济组织运行机制，不断增强对农民的吸引力和发展后劲。

第六章　环境保护与污染防治政策

【相关政策】

1.《草原防火条例》(修订，2009年1月1日起施行)

2.《中华人民共和国水污染防治法》(修订，2008年6月1日起施行)

3.《关于加强农村环境保护工作的意见》(环保总局、发展改革委、农业部、建设部、卫生部、水利部、国土资源部、林业局，2007年5月21日)

4.《全国生态保护“十一五”规划》(环境保护部，2006年10月)

5.《中华人民共和国畜牧法》(2006年7月1日起施行)

6.《取水许可和水资源费征收管理条例》(2006年4月15日起施行)

7.《矿山生态环境保护与污染防治技术政策》(环保总局、国土资源部、卫生部，2005年9月7日)

8.《中华人民共和国固体废物污染环境防治法》(2005年4月1日起施行)

9.《草畜平衡管理办法》(农业部，2005年3月1日起施行)

10.《中华人民共和国野生动物保护法》(修订，2004年8月28日起施行)

11.《中华人民共和国渔业法》(修订，2004年8月28日起施行)

12.《渔业捕捞许可管理规定》(农业部，2004年修正)

13.《中华人民共和国草原法》(修订，2003年3月1日起施行)

14.《退耕还林条例》(2003年1月20日起施行)

15.《农业野生植物保护办法》（农业部，2002年10月1日起施行）

16.《中华人民共和国水法》（修订，2002年10月1日起施行）

17.《中华人民共和国海域使用管理法》（2002年1月1日起施行）

18.《危险废物污染防治技术政策》（国家环保总局，2001年12月17日）

19.《畜禽养殖污染防治管理办法》（国家环保总局，2001年5月8日）

20.《全国生态环境保护纲要》（2000年12月21日）

21.《中华人民共和国大气污染防治法》（修订，2000年9月1日起施行）

22.《中华人民共和国海洋环境保护法》（修订，2000年4月1日起施行）

23.《中华人民共和国森林法实施条例》（2000年1月29日起施行）

24.《秸秆禁烧和综合利用管理办法》（1999年4月12日起施行）

25.《包装资源回收利用暂行管理办法》（1999年1月1日起实施）

26.《中华人民共和国森林法》（修订，1998年4月29日起施行）

27.《中华人民共和国野生植物保护条例》（1997年1月1日起施行）

28.《中华人民共和国自然保护区条例》（1994年12月1日起施行）

29.《中华人民共和国水土保持法》（1991年6月29起实施）

30.《饮用水水源保护区污染防治管理规定》（1989年7月10日起实施）

第一节 概 述

一、农村环境

农村环境是指以农村居民点为中心的乡村地区范围内各种天然的和人工改造的自然因素的总和，可以分为自然环境和人工环境。自然环境是各种天然因素的总体，例如与人类生活密切相关的空气、水源、土地、野生动植物等。人工环境是指人工创造的为人类生活服务的各种条件，如建筑物、公园、绿地、服务设施等。

二、农村环境保护的任务

《全国生态保护“十一五”规划》中明确提出“加大农村环境污染防治力度”，具体任务包括：

1. 实施“农村小康环保行动计划”

按照“生产发展、生活宽裕、乡风文明、村容整洁、管理民主”的要求，开展村庄环境综合整治，以农村环境卫生整治、农村生活垃圾、生活污水处理、村容村貌建设等为重点内容，全面改善农村生产与生活环境，使“十一五”末期全国村庄环境综合整治率达到20%以上。具体任务包括：一是加强村庄生活垃圾收运-处理系统、生活污水处理设施建设；二是实施工业企业污染治理示范工程；三是在重点流域建设一批规模化的畜禽养殖场废弃物处理与资源化利用设施；四是选择典型区建设土壤污染综合治理示范工程；五是加强有机食品生产基地建设；六是新建400个国家级环境优美乡镇和8 000个生态村；七是加强农村环境监测、监管和宣教等环保能力建设。

2. 综合防治土壤污染

开展全国土壤污染现状调查与评价，严格控制在主要粮食产地、菜篮子基地进行污灌，加强对主要农产品产地土壤环境的常规监测，在重点地区建立土壤环境质量定期评价制度。

3. 加强农村面源污染控制，强化农产品产地环境监管

开展重点流域、重点区域农村面源污染调查，制定、完善并监督实施农药、化肥、农膜等农业生产资料的环境安全使用标准及生产操作技术规范，指导农民科学使用农用化学品，制定支持有机肥生产和使用的政策。禁止秸秆焚烧，推进秸秆的综合利用，大力推广秸秆还田、气化、制造轻质建材等综合利用措施。

加强对农产品生产基地和生产加工企业周边地区的环境监测、环境质量评价和监管工作。扩大生态农业生产面积，积极发展绿色和有机食品生产，完善、制定相关监测标准及技术规范。

制定相关法规，为加强农村环境保护、整体提升我国农村环境监管能力、防治农村地区生产生活及外来污染物造成的环境问题提供法律依据。

4. 防治畜禽和水产养殖污染

根据《畜禽养殖污染防治管理办法》，划定畜禽禁养区，加强畜禽养殖污染防治和环境执法。禁养区内不能新建任何畜禽养殖场，已建的畜禽养殖场要限期搬迁或关闭。制定、完善畜禽养殖环境保护相关标准和技术规范，研究并制定促进畜禽养殖废弃物综合利用及产业化的经济技术政策、发展规划。积极发展养殖小区，推广健康养殖技术，实行种养结合、雨污分流、清洁生产、干湿分离，实现畜禽粪便资源化利用，加快推进规模化畜禽养殖场的技术改进与污染治理。

第二节　水土资源保护政策

一、水资源与水环境保护

1. 取水缴费制度

国家鼓励单位和个人依法开发、利用水资源，并保护使用者的合法权益。国家对水资源依法实行取水许可制度和有偿使用制

度，取用水资源的单位和个人，除下列情形外，都应当申请领取取水许可证，并缴纳水资源费。

下列情形不需要申请领取取水许可证：

（1）农村集体经济组织及其成员使用本集体经济组织的水塘、水库中的水的；

（2）家庭生活和零星散养、圈养畜禽饮用等少量取水的；

（3）为保障矿井等地下工程施工安全和生产安全必须进行临时应急取（排）水的；

（4）为消除对公共安全或者公共利益的危害临时应急取水的；

（5）为农业抗旱和维护生态与环境必须临时应急取水的。

征收的水资源费主要用于水资源的节约、保护和管理，也可以用于水资源的合理开发。

农业生产取水的水资源费征收标准应当根据当地水资源条件、农村经济发展状况和促进农业节约用水需要制定。农业生产取水的水资源费征收标准应当低于其他用水的水资源费征收标准，粮食作物的水资源费征收标准应当低于经济作物的水资源费征收标准。

2. 饮用水水源保护区制度

国家建立饮用水水源保护区制度，很多水源保护区大多位于农村，作为水源保护区的居民，应该遵守相应的规定。

饮用水地表水源各级保护区及准保护区内必须遵守下列规定：

（1）禁止一切破坏水环境生态平衡的活动以及破坏水源林、护岸林、与水源保护相关植被的活动。

（2）禁止向水域倾倒工业废渣、城市垃圾、粪便及其他废弃物。

（3）运输有毒有害物质、油类、粪便的船舶和车辆一般不准进入保护区，必须进入者应事先申请并经有关部门批准、登记并设置防渗、防溢、防漏设施。

(4) 禁止使用剧毒和高残留农药，不能滥用化肥，不能使用炸药、毒品捕杀鱼类。

(5) 禁止利用污水灌溉和使用含有毒污染物的污泥作肥料。

饮用水地下水源各级保护区及准保护区内必须遵守下列规定：

(1) 禁止利用渗坑、渗井、裂隙、溶洞等排放污水和其他有害废弃物。

(2) 禁止利用储水层孔隙、裂隙、溶洞及废弃矿坑储存石油、天然气、放射性物质、有毒有害化工原料、农药等。

(3) 实行人工回灌地下水时不能污染当地地下水源。

3. 严禁排入水体的污染物

(1) 禁止向水体排放油类、酸液、碱液或者剧毒废液。

(2) 禁止在水体清洗装贮过油类或者有毒污染物的车辆和容器。

(3) 禁止将含有汞、镉、砷、铬、铅、氰化物、黄磷等的可溶性剧毒废渣向水体排放、倾倒或者直接埋入地下。存放可溶性剧毒废渣的场所，必须采取防水、防渗漏、防流失的措施。

(4) 禁止向水体排放、倾倒工业废渣、城市垃圾和其他废弃物。

(5) 禁止在江河、湖泊、运河、渠道、水库最高水位线以下的滩地和岸坡堆放、存贮固体废弃物和其他污染物。

(6) 禁止向水体排放或者倾倒放射性固体废弃物或者含有高放射性和中放射性物质的废水。

(7) 禁止向水体倾倒船舶垃圾。船舶的残油、废油必须回收，禁止排入水体。船舶排放含油污水、生活污水，必须符合船舶污染物排放标准。船舶装载运输油类或者有毒污染，必须采取防止溢流和渗漏的措施，防止货物落水造成水污染。

(8) 向水体排放低放射性物质的废水，必须符合国家有关放射防护的规定和标准。

(9) 向水体排放含热废水，应当采取措施，保证水体的水温符合水环境质量标准，防止热污染危害。

（10）排放含病原体的污水，必须经过消毒处理；符合国家有关标准后，方准排放。

4．使用废水灌溉应该注意的问题

向农田灌溉渠道排放工业废水和城市废水，应当保证下游最近的灌溉取水点的水质符合农田灌溉水质标准。

利用工业废水和城市污水进行灌溉的，县级以上地方人民政府农业行政主管部门应当组织对用于灌溉的水质及灌溉后的土壤、农产品进行定期监测，并采取相应措施，防止污染土壤和农产品。

5．使用农药时应注意防止水污染

进行农业生产所使用农药，必须符合国家有关农药安全使用的规定和标准。

运输、存贮农药和处置过期失效农药，必须加强管理，防止造成水污染。

6．农村生活生产污水的处理方式

按照农村环境保护规划的要求，采取分散与集中处理相结合的方式，处理农村生活污水。居住比较分散、不具备条件的地区可采取分散处理方式处理生活污水；人口比较集中、有条件的地区要推进生活污水集中处理。新村庄建设规划要有环境保护的内容，配套建设生活污水和垃圾污染防治设施。

7．农村水产养殖应注意的问题

（1）根据水质要求和水体承载能力，确定水产养殖的种类、数量，严格禁止高密度养殖，合理投饵、使用药物，坚决禁止化肥养鱼，网箱养殖活动向水中排放的污染物不能超过相邻水体自净能力。防止造成环境污染和生态破坏。

（2）在湖库养殖中鼓励科学的自然放养方式。应根据湖库功能分类控制网箱养殖规模，以生活饮用水源为主要功能的湖库严禁发展网箱养殖，已有的网箱养殖应取缔；以工农业用水或旅游为主要使用功能的湖库，发展网箱养殖需要进行科学论证并经有关部门审批。

(3) 鼓励生态水产养殖，利用鱼鳖和贝类等生物的滤食性特点，科学选择和合理搭配水产养殖种类，进行人工放流，调整湖库水生生物不合理的结构。

8. 防治农村水体污染的措施

(1) 农村地区基本上没有排水（包括下水）管网系统，村镇废水不能得到有效控制。应该根据实际情况对污水进行收集，采用与当地经济水平相适应的处理工艺对污水进行处理。对湖库区域土地利用和土地功能进行合理规划；加快农村城镇化，便于污水的集中处理。

(2) 农田地表径流的主要污染物是氮、磷、泥沙和农药，可以因地制宜地采取农田基本建设及坡耕地改造、等高种植等水土保持技术，或者利用田间渠道、坑、塘等改造成土地处理系统，进行农田污染控制。

(3) 加强湖库流域的农田管理，包括合理规划农业用地；推广根据土壤肥力检测结果合理使用化肥的技术，适当增加有机肥使用比例，提倡施用缓释或控释肥料，提高肥料利用率；科学用药；优化水肥结构，施行节水灌溉，减少面源营养的流失。

(4) 大力发展生态农业，推广平衡施肥、秸秆还田、病虫害综合防治、无公害生产等技术，鼓励发展有机肥产业及其有机食品、绿色食品和无公害农业产品。

(5) 农村固体废弃物可以根据实际情况采用堆肥、厌氧发酵、卫生填埋等方法进行资源化、无害化处理和处置，禁止直接向湖库倾倒或抛弃。

二、土壤资源保护

1. 防治农村土壤污染的措施

(1) 合理规划农业用地，科学施用化肥、农药，积极推广测土配方施肥，提倡施用缓释或控释肥料，提高肥料利用率，推行秸秆还田，鼓励使用农家肥和新型有机肥。

（2）鼓励使用生物农药或高效、低毒、低残留农药，推广作物病虫草害综合防治和生物防治。

（3）鼓励农膜回收再利用。

（4）实行节水灌溉，减少面源营养的流失，可以利用田间渠道、坑、塘等改造成土地处理系统，进行农田污染控制。

（5）加强对污灌区域、工业用地及工业园区周边地区土壤污染的监管，严格控制主要粮食产地和蔬菜基地的污水灌溉，确保农产品质量安全。

（6）积极发展生态农业、有机农业，推广平衡施肥、秸秆还田、病虫害综合防治、无公害生产等技术。

2. 受污染的土壤应怎样处理

目前对于如何处理受污染的土壤，全国还没有统一的法规进行约束，可以借鉴《浙江省固体废物污染环境防治条例》的规定来进行处理。

（1）县级以上人民政府应当制定土壤污染防治规划，组织土壤污染状况调查，对污染严重且难以修复的耕地依法进行功能调整。

（2）污染土壤实行环境风险评估和修复制度。对污染企业搬迁后的原址和其他可能受污染的土地进行开发利用的，土地的开发利用者应当事先委托有环境影响评价资质的单位对这一地块的土壤进行环境影响评价；对于被污染土壤应当按照国家有关规定进行清理和处置，达到环境保护要求后才能开发、利用。

（3）被污染土壤的清理和处置费用，由造成污染的单位和个人承担；没有明确责任人或者责任人丧失责任能力的，由县级以上人民政府承担。没有对被污染土壤进行清理和处置，或者清理、处置后不符合环境保护要求而开发利用土地的，由环境保护行政主管部门责令停止违法行为，限期改正。

三、植被保护和水土保持

1. 草畜平衡制度

草畜平衡制度，是指为了保持草原生态系统的良性循环，在一定时间内，草原使用者或承包经营者通过草原和其他途径获取的饲草饲料总量与饲养的牲畜所需的饲草饲料量要保持动态平衡。

当牲畜饲养量超过草原的核定载畜量时，为了实现草畜平衡，防止过度放牧，使用者或承包经营者应当采取的措施有：

（1）购买饲草饲料，增加饲草饲料供应量；

（2）建设人工饲草饲料基地；

（3）实行舍饲圈养，减轻草原放牧压力；

（4）加快牲畜出栏，优化畜群结构；

（5）通过草原承包经营权流转增加草原承包面积。

2. 轮牧、休牧和禁牧制度

（1）为了合理有效利用草原，在牧区推行草原划区轮牧。

（2）为了保护牧草正常生长和繁殖，在春季牧草返青期和秋季牧草结实期实行季节性休牧。

（3）为了恢复草原植被，在生态脆弱区和草原退化严重的地区实行围封禁牧。

（4）在草原禁牧、休牧、轮牧区，要逐步改变依赖天然草原放牧的生产方式，大力推行舍饲圈养方式，积极建设高产人工草地和饲草饲料基地，增加饲草饲料产量。国家对实行舍饲圈养给予粮食和资金补助。

3. 应该退耕还林的耕地

（1）水土流失严重的；

（2）沙化、盐碱化、石漠化严重的；

（3）生态地位重要、粮食产量低而不稳的；

（4）江河源头及其两侧、湖库周围的陡坡耕地以及水土流失和风沙危害严重等生态地位重要区域的耕地，应当在退耕还林规划中优先安排。

退耕还林必须依照经批准的规划进行。未经原批准机关同意，不能擅自调整退耕还林规划。

4. 对于草原防火的规定

（1）预防和扑救草原火灾，是公民应尽的义务。

地方各级人民政府组织划定草原防火责任区，确定草原防火责任单位，建立草原防火责任制度，并定期进行检查。任何单位和个人发现草原火灾，必须立即扑救，并及时向当地人民政府或者草原防火主管部门报告。

（2）草原防火期内，在草原上禁止野外用火；因特殊情况需要用火的，必须遵守相关规定：

1）确实需要生产性用火的，必须经县级人民政府或者其授权单位批准。生产性用火经批准的，用火单位应当确定专人负责，事先开好防火隔离带，准备扑火工具，落实防火措施，严防失火。

2）在草原上从事牧业或者副业生产的人员，需要生活性用火的，应当在指定的安全地点用火，并采取必要的防火措施，用火后必须彻底熄灭余火。

（3）草原防火期内，在草原上作业和通过草原的各种机动车辆，必须安设防火装置，严防漏火、喷火和机动闸瓦脱落引起火灾。在野外操作机械设备的人员，必须遵守防火安全操作规程，严防失火。

（4）草原防火期内禁止在草原上使用枪械狩猎；需要进行勘察和施工等活动的，必须经省、自治区、直辖市人民政府草原防火主管部门或者其授权单位批准，并落实防火措施，做好灭火准备工作。

（5）草原防火管制期内，严禁在防火管制区内的一切野外用火，对可能引起草原火灾的机械设备和居民生活用火，必须严格管理。

5. 草原承包者利用草原应该注意的问题

（1）草原承包经营者应当合理利用草原，不能超过草原行政主管部门核定的载畜量；草原承包经营者应当采用青贮和饲草饲料加工等新技术，增加饲草饲料供应量、优化畜群结构、提高出栏率等措施，逐步改变依赖天然草地放牧的生产方式，保持草畜平衡。

（2）牧区的草原承包经营者应当实行划区轮牧，合理配置畜群，均衡利用草原。

6. 对生态环境脆弱的草原应该采用的保护措施

（1）禁止开垦草原。对水土流失严重、有沙化趋势、需要改善生态环境的已垦草原，应当有计划、有步骤地退耕还草；已造成沙化、盐碱化、石漠化的，应当限期治理。

（2）对严重退化、沙化、盐碱化、石漠化的草原和生态脆弱区的草原，国家支持依法实行退耕还草和轮牧、禁牧、休牧。在水土流失严重、草场少的地区，地方人民政府及其有关主管部门应当采取措施，推行舍饲，改变野外放牧习惯。

（3）禁止在荒漠、半荒漠和严重退化、沙化、盐碱化、石漠化、水土流失的草原以及生态脆弱区的草原上采挖植物和从事破坏草原植被的其他活动。

（4）禁止在草原上使用剧毒、高残留以及可能导致二次中毒的农药。

（5）除抢险救灾和牧民搬迁的机动车辆外，禁止机动车辆离开道路在草原上行驶，破坏草原植被。

（6）不能在临时占用的草原上修建永久性的建筑物、构筑物；占用期满，用地单位必须恢复草原植被并且及时退还。

7. 在草原上从事生产经营活动要注意的问题

（1）在草原上从事采土、采砂、采石等作业活动，应当报县级人民政府草原行政主管部门批准；开采矿产资源的，应当依法办理有关手续。经批准在草原上从事上述活动的，应当在规定的时间、区域内，按照准许的采挖方式作业，并采取保护草原植被的措施。

（2）在草原上种植牧草或者饲料作物，应当符合草原保护、建设、利用规划。

（3）在草原上开展经营性旅游活动，应当符合有关草原保护、建设、利用规划，并事先征得县级以上地方人民政府草原行政主管部门的同意，才能办理有关手续。不能侵犯草原所有者、使用者和承包经营者的合法权益，不能破坏草原植被。

（4）在草原上修建直接为草原保护和畜牧业生产服务的工程设施，需要使用草原的，由县级以上人民政府草原行政主管部门批准；修筑其他工程，需要将草原转为非畜牧业生产用地的，必须依法办理建设用地审批手续。

8．对于森林禁伐区的活动规定

（1）未经批准，不能砍伐禁伐区内的乔木、灌木，不能毁林毁草开垦；

（2）禁止在幼林地、封山育林和未成林造林地内从事放牧活动；

（3）不能随意开挖土石方和修筑。建筑物，需要征占用林地的，必须按照《中华人民共和国森林法实施条例》和国家林业局《占用征用林地审核审批管理办法》的规定报批。

（4）为了合理利用林地和林下资源，在不破坏森林植被的前提下，经省级林业主管部门批准，禁伐区只能从事以下生产经营活动：

1）兴办森林旅游业；

2）兴办养殖业，包括饲养鱼类、林蛙、蜜蜂、家禽等；

3）从事林药、野生菌类、野生山菜与浆果等栽植；

4）从事野生浆果、林药、树种等采集。

9．使用土地的人有义务防治土地沙化、水土流失

（1）使用土地的单位和个人，有防止该土地沙化的义务。使用已经沙化的土地的单位和个人，有治理该沙化土地的义务。

（2）水土流失地区的集体所有的土地承包给个人使用的，

应当将治理水土流失的责任列入承包合同。对荒山、荒沟、荒丘、荒滩水土流失的治理实行承包的，应当按照“谁承包，谁治理，谁受益”的原则，签订水土保持承包治理合同。承包治理所种植的林木及其果实，归承包者所有，因承包治理而新增加的土地，由承包者使用。采取退耕还林还草、植树种草或者封育措施治沙的土地使用权人和承包经营权人，按照国家有关规定，享受人民政府提供的政策优惠。

（3）各级地方人民政府应当组织农业集体经济组织和农民，有计划地对禁止开垦坡度以下、5°以上的耕地进行治理，根据不同情况，采取整治排水系统、修建梯田、蓄水保土耕作等水土保持措施。

10. 防止土地沙化和水土流失的措施

（1）禁止毁林开荒、烧山开荒和在陡坡地、干旱地区、沙化土地上铲草皮、砍挖灌木、药材及其他固沙植物。

（2）植树造林，鼓励种草，扩大森林覆盖面积，增加植被。有计划地进行封山育林育草、轮封轮牧。

（3）禁止在25°以上的陡坡地开垦种植农作物。已经在这些地方开垦种植农作物的，应当在建设基本农田的基础上，根据实际情况，逐步退耕，植树种草，恢复植被，或者修建梯田。

（4）开垦25°以下、5°以上的荒坡地，必须经县级人民政府水行政主管部门批准；开垦国有荒坡地，要先经县级人民政府水行政主管部门批准后，才能申请办理土地开垦手续。

（5）对毁林、毁草开垦的耕地和造成的废弃地，要按照“谁批准谁负责，谁破坏谁恢复”的原则，限期退耕，还林还草。

（6）采伐林木时，必须因地制宜地采用合理的采伐方式，严格控制采伐，对采伐区和集材道采取防止水土流失的措施，并在采伐后及时完成更新造林任务。对林木更新困难地区已有的防风固沙林网、林带，不能批准采伐。在林区采伐林木的，采伐方案中必须有按照规定制定的采伐区水土保持措施。

(7) 在山区、丘陵区、风沙区依照矿产资源法的规定开办乡镇集体矿山企业和个体申请采矿，必须持有县级以上地方人民政府水行政主管部门同意的水土保持方案，才能申请办理采矿批准手续。

(8) 建设项目中的水土保持设施，必须与主体工程同时设计、同时施工、同时投产使用。建设工程竣工验收时，应当同时验收水土保持设施，并有水行政主管部门参加。

(9) 在崩塌滑坡危险区和泥石流易发区禁止取土、挖砂、采石。崩塌滑坡危险区和泥石流易发区的范围，由县级以上地方人民政府划定并公告。

第三节　生物资源保护政策

一、动植物资源保护

1. 野生动物由谁管理

野生动物，是指珍贵、濒危的陆生、水生野生动物和有益的或者有重要经济、科学研究价值的陆生野生动物。

野生动物资源属于国家所有。国家对野生动物实行加强资源保护、积极驯养繁殖、合理开发利用的方针，鼓励开展野生动物科学研究。在野生动物资源保护、科学研究和驯养繁殖方面成绩显著的单位和个人，由政府给予奖励。

国务院林业、渔业行政主管部门分别主管全国陆生、水生野生动物管理工作。

2. 每个公民都有保护野生动物资源的义务

(1) 国家禁止任何单位和个人破坏国家和地方重点保护野生动物的生息繁衍场所和生存条件，禁止任何单位和个人非法猎捕或者破坏。

(2) 公民有保护野生动物资源的义务，对侵占或者破坏野生动物资源的行为有权检举和控告。

（3）一旦发现受伤、病弱、饥饿、受困、迷途的国家和地方重点保护野生动物时，应当及时报告当地野生动物行政主管部门，发现受伤、搁浅和因误入港湾、河汊而被困的水生野生动物时，应当及时报告当地渔业行政主管部门或者其所属的渔政监督管理机构，也可以就近送具备救护条件的单位救护，并报告相应的行政主管部门。已经死亡的水生野生动物，由渔业行政主管部门妥善处理。捕捞作业时误捕水生野生动物的，应当立即无条件放生。

3. 因保护重点野生动物造成损失的，可以要求补偿吗

可以。国家对珍贵、濒危的野生动物实行重点保护。

（1）因保护国家和地方重点保护野生动物，造成农作物或者其他损失的，由当地政府给予补偿。因猎捕野生动物造成农作物或者其他损失的，由猎捕者负责赔偿。

（2）因保护国家重点保护的和地方重点保护的水生野生动物受到损失的，可以向当地人民政府渔业行政主管部门提出补偿要求。

4. 自然保护区内的居民要注意哪些问题

（1）在自然保护区内的单位、居民和经批准进入自然保护区的人员，必须遵守自然保护区的各项管理制度，接受自然保护区管理机构的管理。

（2）禁止在自然保护区内进行砍伐、放牧、狩猎、捕捞、采药、开垦、烧荒、开矿、采石、挖沙等活动。

（3）一切单位和个人都有保护自然保护区内自然环境和自然资源的义务，并有权对破坏、侵占自然保护区的单位和个人进行检举、控告。

5. 自然保护区内能否建设生产设施

（1）在自然保护区的核心区和缓冲区内，不能建设任何生产设施。

（2）在自然保护区的实验区内，不能建设污染环境、破坏资源或者景观的生产设施；建设其他项目，污染物的排放不能超过国家和地方规定的污染物排放标准。在自然保护区的实验区内

已经建成的设施，其污染物排放超过国家和地方规定的排放标准的，应当限期治理；造成损害的，必须采取补救措施。

（3）在自然保护区的外围保护地带建设的项目，不能损害自然保护区内的环境质量；已经造成损害的，应当限期治理。

（4）禁止破坏国家重点保护野生生物和地方重点保护野生生物的保护点的保护设施和保护标志。

6. 国家对猎捕野生动物的规定

（1）禁止猎捕、杀害国家重点保护野生动物。因为科学研究、驯养繁殖、展览或者其他特殊情况，需要捕捉、捕捞国家一级保护野生动物的，必须向国务院野生动物行政主管部门申请特许猎捕证；猎捕国家二级保护野生动物的，必须向省、自治区、直辖市政府野生动物行政主管部门申请特许猎捕证。

（2）猎捕非国家重点保护野生动物的，必须取得狩猎证，并且服从猎捕量限额管理。持枪猎捕的，必须取得县、市公安机关核发的持枪证。

（3）猎捕者应当按照特许猎捕证、狩猎证规定的种类、数量、地点和期限进行猎捕。

（4）在自然保护区、禁猎区和禁猎期内，禁止猎捕和其他妨碍野生动物生息繁衍的活动。

（5）禁止使用军用武器、毒药、炸药进行猎捕。

7. 国家对驯养繁殖野生动物的规定

（1）国家鼓励驯养繁殖野生动物。

（2）驯养繁殖国家重点保护野生动物时，应当持有许可证。

（3）以生产经营为主要目的驯养繁殖国家重点保护野生动物的，必须凭驯养繁殖许可证向工商行政管理部门申请登记注册。

（4）从国外或者外省、自治区、直辖市引进野生动物进行驯养繁殖的，应当采取适当措施，防止其逃至野外；需要放生于野外的，放生单位应当向所在省、自治区、直辖市人民政府林业行政主管部门提出申请，经省级以上人民政府林业行政主管部门指定的科研机构进行科学论证后，报国务院林业行政主管部门或者其授权的单位批准。

8. 经营野生动物及其产品的有关规定

（1）禁止出售、收购国家重点保护野生动物或者其产品。

（2）收购驯养繁殖的国家重点保护野生动物及其产品的单位，由省、自治区、直辖市人民政府林业行政主管部门商有关部门提出，经同级人民政府或者其授权的单位批准，凭批准文件向工商行政管理部门申请登记注册，只允许收购批准的驯养繁殖的国家重点保护动物及其产品，不能收购未经批准出售的国家重点保护野生动物或者其产品。

（3）驯养繁殖国家重点保护野生动物的单位和个人可以凭驯养繁殖许可证向政府指定的收购单位，按照规定出售国家重点保护野生动物或者其产品。

（4）持有狩猎证的单位和个人需要出售依法获得的非国家重点保护野生动物或者其产品时，应当按照狩猎证规定的种类、数量向经核准登记的单位出售，或者在当地人民政府有关部门指定的集贸市场出售。

（5）经营利用非国家重点保护野生动物或者其产品的，应当向工商行政管理部门申请登记注册，必须取得县级以上林业行政主管部门核发的《野生动物或其产品经营利用资格证明》，才具备经营利用资格。

（6）跨县境运输、携带、收购野生动物或其产品的，必须经省、自治区、直辖市政府野生动物行政主管部门或者其授权的单位批准，向县级以上林业行政主管部门办理运输手续。

（7）运输、携带国家重点保护野生动物或者其产品出县境的，应当凭特许猎捕证、驯养繁殖许可证，向县级人民政府野生动物行政主管部门提出申请。

（8）经营利用野生动物或其产品的，没有经省级以上林业行政主管部门审查同意，不能制作、发布内容涉及野生动物的广告、招牌等。

（9）经营含有野生动物菜肴的，应在菜单中标明含有的野生动物名称；不能向食客展示活体野生动物，活体野生动物应与食客隔离。任何饭店、餐馆均不能出售以国家重点保护野生动物为原料的食品。

（10）任何企业和个人都不能加工制作、经营国家保护野生动物的皮张，不能以制作标本为名进行皮张的倒卖活动；经营非国家重点保护野生动物的皮张和加工制作标本的，必须经野生动物行政主管部门批准，并经过工商行政管理机关核准登记。

9. 野生植物保护

野生植物，是指原生地天然生长的珍贵植物和原生地天然生长并具有重要经济、科学研究、文化价值的濒危、稀有植物。

野生植物分为国家重点保护野生植物和地方重点保护野生植物。国家重点保护野生植物分为国家一级保护野生植物和国家二级保护野生植物。地方重点保护野生植物，是指国家重点保护野生植物以外，由省、自治区、直辖市保护的野生植物。

10. 出售、收购受国家保护的野生植物的规定

（1）禁止出售、收购国家一级保护野生植物。

（2）出售、收购国家二级保护野生植物的，必须经省、自治区、直辖市人民政府野生植物行政主管部门或者其授权的机构批准。

11. 采集受国家保护的野生植物的规定

（1）禁止采集国家一级保护野生植物。由于研究、考察、培育等需要，确实需要进行少量采集的，应当向农业部野生植物保护管理办公室申请办理采集许可证。

（2）申请采集国家二级保护野生植物的，应当经由采集地的县级行政主管部门在采集申请表上签署审核意见后，向采集地省级农业行政主管部门或其授权的野生植物保护管理机构申请办理采集许可证。

（3）取得采集许可证的单位和个人，应当按照许可证规定的植物种（或亚种）、数量、地点、期限和方式进行采集。采集

作业完成后，应当及时向批准采集的农业行政主管部门或其授权的野生植物保护管理机构申请查验。

（4）国家重点保护野生植物的采集限定采集方式和规定禁采期。禁止在禁采期内或者以非法采集方式采集国家重点保护野生植物。

二、渔业资源保护

1. 保持海域生态环境的措施

（1）开发海岛及周围海域的资源，应当采取严格的生态保护措施，不能造成海岛地形、岸滩、植被以及海岛周围海域生态环境的破坏。

（2）在一类、二类近岸海域环境功能区内，禁止兴建污染环境、破坏景观的海岸工程建设项目。

（3）禁止在经济生物的自然产卵场、繁殖场、索饵场和鸟类栖息地进行围海填海活动。围填海工程使用的填充材料必须符合有关环境保护标准。

（4）禁止毁坏海岸防护设施、沿海防护林、沿海城镇园林和绿地。

（5）禁止破坏红树林和珊瑚礁。禁止在红树林自然保护区和珊瑚礁自然保护区内设置新的排污口。

（6）向海域排放陆源污染物，必须遵守海洋环境保护有关法律、法规的规定和有关污染物排放标准。

（7）国家鼓励发展生态渔业建设，推广多种生态渔业生产方式，改善海洋生态状况。

（8）新建、改建、扩建海水养殖场，应当进行环境影响评价。海水养殖应当科学确定养殖密度，并应当合理投饵、施肥，正确使用药物，防止造成海洋环境的污染。

2. 从事海水养殖要注意的问题

（1）从事水面、滩涂养殖生产的，应当向县级以上地方人民政府申请养殖使用证。因结构调整转产转业的当地渔民享有取得养殖证的优先权。

（2）取得养殖证的单位和个人应当按照养殖证确定的水域滩涂范围和规定的用途从事养殖生产，遵守有关养殖技术规范。

（3）全民所有的水面、滩涂中的鱼、虾、蟹、贝、藻类的自然产卵场、繁殖场、索饵场及重要的洄游通道必须予以保护，不能划作养殖场所。

（4）从事海水养殖的养殖者，应当采取科学的养殖方式，减少养殖饵料对海洋环境的污染。养殖废水的排放应符合国家有关排放标准，池塘清淤应进行合理处理，防止水域污染。因养殖污染海域或者严重破坏海洋景观的，养殖者应当予以恢复和整治。

（5）禁止养殖未经全国水产原种和良种审定委员会审定、农业部批准推广的杂交种、转基因种和其他非本海域原有品种。养殖经全国水产原种和良种审定委员会审定、农业部批准推广的上述品种的，应当严格采取防逃等防护措施，防止进入天然水域。

（6）领取养殖使用证的单位，没有正当理由未从事养殖生产，或者放养量低于当地同类养殖水域平均放养量60%的，应当视为荒芜。

3．渔业资源的具体保护措施

（1）国家对捕捞业实行捕捞许可制度。在中华人民共和国管辖水域和公海从事渔业捕捞活动，应当经主管机关批准并领取渔业捕捞许可证，根据规定的作业类型、场所、时限、渔具数量和捕捞限额进行作业。

（2）禁止使用电力、鱼鹰捕鱼和敲（舟古）作业，严禁炸鱼、毒鱼。在特定水域确有必要使用电力或者鱼鹰捕鱼时，必须经省、自治区、直辖市人民政府渔业行政主管部门批准。

（3）在重要鱼、虾、蟹、贝、藻类，以及其他重要水生生物的产卵场、索饵场、越冬场和洄游通道，规定禁渔区和禁渔期，禁止使用或者限制使用的渔具和捕捞方法，最小网目尺寸，以及制定其他保护渔业资源的措施。凡是鱼、蟹等产卵洄游通道的江河，不能遮断河面拦捕，应当留出一定宽度的通道，用来保证足够数量的亲体上溯或降河产卵繁殖。修建水利工程时，要注意保护渔业水域环境，在鱼、蟹等洄游通道筑坝，要相应的建造过鱼设施，更不准在闸口拦捕鱼、蟹幼体和产卵洄游的亲体。

(4) 在“机动渔船底拖网禁渔区线”外侧建造人工鱼礁的，必须经国务院渔业行政主管部门批准；在“机动渔船底拖网禁渔区线”内侧建造人工鱼礁的，必须有关省、自治区、直辖市人民政府渔业行政主管部门或其授权单位批准。

(5) 建造人工鱼礁，应当避开主要航道和重要锚地，并通知有关交通和海洋管理部门。

(6) 任何单位和个人，在鱼、虾、蟹、贝幼苗的重点产区直接引水、用水的，应当采取避开幼苗的密集期、密集区，或者设置网栅等保护措施。

(7) 在重点渔业水域不能从事拆船业。在其他渔业水域从事拆船业，造成渔业资源损害的，由拆船单位依照有关规定负责赔偿。

4. 对休渔期的规定

(1) 禁止在禁渔区、禁渔期内收购、加工和销售非法捕捞的渔获物。

(2) 因为特殊需要，在禁渔区、禁渔期捕捞或使用禁用的渔具、渔法，以及捕捞禁捕对象的，应当经农业部渔政渔港监督管理局审核后，报农业部批准。捕捞作业时应当悬挂统一规定的标志。

第四节　固体废物和畜禽养殖污染防治政策

一、固体废物污染防治

1. 如何减少固体废物的产生量

国家鼓励单位和个人购买、使用再生产品和可重复利用产品。

企业事业单位应当合理选择和利用原材料、能源和其他资源，采用先进的生产工艺和设备，减少工业固体废物产生量，降低工业固体废物的危害性。企业事业单位应当根据经济、技术条件对本单位产生的工业固体废物加以利用。

2．包装资源回收利用应坚持的原则

包装资源回收利用时应坚持节约的原则：

（1）各商品经营单位在销售商品后腾空或闲散的各类包装，凡是能回收利用的应该尽量回收利用。

（2）包装回收应该及时，并安排一定的人员和场地进行收集、整理、送交等工作。开启包装应尽量避免或减少损坏包装。

（3）回收包装应遵循“先复用，后回炉”、“可回炉，不废弃”和“原物复用为主，加工改制为辅”的原则，尽量使回收包装略经改制修复就能使用。

3．对农村生活垃圾的管理规定

（1）不能随意倾倒、抛撒或者堆放生活垃圾；

（2）不能擅自关闭、闲置或者拆除生活垃圾处置设施、场所；

（3）不能在运输过程中沿途丢弃、遗撒生活垃圾；

（4）不能随意焚烧生活垃圾；

（5）逐步推广“组保洁、村收集、镇转运、县处置”的城乡统筹的垃圾处理模式，提高农村生活垃圾收集率、清运率和处理率。

4．如何防止固体废物污染

（1）收集、贮存、运输、利用、处置固体废物的单位和个人，必须采取防扬散、防流失、防渗漏或者其他防止污染环境的措施；不能擅自倾倒、堆放、丢弃、遗撒固体废物。

（2）禁止任何单位或者个人向江河、湖泊、运河、渠道、水库及其最高水位线以下的滩地和岸坡等法律、法规规定禁止倾倒、堆放废弃物的地点倾倒、堆放固体废物。

（3）在自然保护区、风景名胜区、饮用水水源保护区、基本农田保护区和其他需要特别保护的区域内，禁止建设工业固体废物集中贮存、处置的设施、场所和生活垃圾填埋场。

（4）企业不能使用国务院公布的淘汰名录中的易产生严重污染环境的工业固体废物的落后生产工艺、落后设备，列入限期淘汰名录被淘汰的设备，不能转让给他人使用。

5. 如何处理居民日常生活中产生的危险废物

居民日常生活中产生的部分废电池、废日光灯管、生活垃圾飞灰等都属于危险废物。

（1）废电池、废日光灯管等应与生活垃圾分类收集，提高其回收利用率和无害化处理处置水平。避免含汞、镉废电池混入生活垃圾焚烧设施，废铅酸电池必须进行回收利用，不能用其他办法进行处置，其收集、运输环节必须纳入危险废物管理。

（2）生活垃圾焚烧产生的飞灰必须单独收集，不能与生活垃圾、焚烧残渣等其他废物混合，也不能与其他危险废物混合。生活垃圾焚烧飞灰不能在产生地长期贮存，必须进行必要的固化和稳定化处理之后才能运输，运输需使用专用运输工具，运输工具必须密闭。生活垃圾焚烧飞灰必须进行安全填埋处置。

二、秸秆的综合利用

1. 为什么禁止焚烧秸秆

露天焚烧秸秆的危害很多：一是造成大量的资源浪费；二是严重污染环境，秸秆焚烧后，产生大量浓烟，其烟雾中含有大量的有毒有害气体，危害人畜健康，影响作物生长；三是影响交通，并且极其容易引发火灾。

2. 秸秆禁烧区的范围

一般说来，秸秆禁烧区范围：

（1）以机场为中心 15 公里为半径的区域。

（2）沿高速公路、铁路两侧各 2 公里和国道、省道公路干线两侧各 1 公里的地带。

(3) 省辖市(地)级人民政府也可以在人口集中区、各级自然保护区和文物保护单位及其他人文遗址、林地、草场、油库、粮库、通讯设施等周边地区划定禁止露天焚烧秸秆的区域。

3. 开展秸秆的综合利用

要想控制秸秆焚烧，最有效的方法就是要大力推进秸秆的综合利用，变废为宝，推广机械化秸秆还田、秸秆饲料开发、秸秆气化、秸秆微生物高温快速沤肥、制造轻质建材和秸秆工业原料开发等多种形式的综合利用。

4. 在秸秆禁烧区内焚烧秸秆应受的处罚

对违反规定在秸秆禁烧区内焚烧秸秆的，由当地环境保护行政主管部门责令其立即停烧，可以对直接责任人处以罚款；造成重大大气污染事故，导致公私财产重大损失或者人身伤亡严重后果的，对有关责任人员依法追究刑事责任。

三、畜禽养殖污染防治

1. 畜禽养殖污染

畜禽养殖污染，是指在畜禽养殖过程中，畜禽养殖场排放的废渣，清洗畜禽体和饲养场地、器具产生的污水及恶臭等对环境造成的危害和破坏。

2. 对农村畜禽养殖环境的要求

(1) 科学划定禁养、限养区域，改变人畜混居现象，改善农民生活环境。

(2) 新建、改建、扩建规模化畜禽养殖场必须严格执行环境影响评价和“三同时”制度，确保污染物达标排放。对现有的不能达标排放的规模化畜禽养殖场实行限期治理。

(3) 鼓励生态养殖场和养殖小区建设，通过发展沼气、生产有机肥等综合利用方式，推广健康养殖技术，实行种养结合、雨污分流、清洁生产、干湿分离，实现畜禽粪便资源化利用，依据土地消纳能力，进行畜禽粪便还田，实现养殖废弃物的减量化、资源化、无害化。

3. 建设养殖场需要进行环境影响评价

(1) 新建、改建和扩建畜禽养殖场，必须按建设项目环境保护法律、法规的规定，进行环境影响评价，办理有关审批手续。

(2) 畜禽养殖场的环境影响评价报告书（表）中，应规定畜禽废渣综合利用方案和措施。

(3) 畜禽养殖场污染防治设施必须与主体工程同时设计、同时施工、同时使用。

(4) 畜禽废渣综合利用措施必须在畜禽养殖场投入运营的同时给予落实。

4. 农村小规模专业化家禽养殖户需要填报环境影响登记表

从事专业化家禽养殖的工商个体户，且其养殖规模在10 000只以下的，环保部门应要求其填报“环境影响登记表”，并责令采取措施，防治养殖恶臭气体妨碍周围居民正常生活。对未按规定取得工商执照的专业化养殖户，环保部门还应按照《无照经营查处取缔办法》的有关规定，移送工商部门查处。

5. 禁止建设畜禽养殖场的区域

(1) 生活饮用水水源保护区、风景名胜区、自然保护区的核心区及缓冲区；

(2) 城市和城镇中居民区、文教科研区、医疗区等人口集中地区；

(3) 县级人民政府依法划定的禁养区域；

(4) 国家或地方法律、法规规定需特殊保护的其他区域。

6. 对于畜禽养殖场排污的具体规定

从事畜禽规模养殖应当按照国家有关规定收集、贮存、利用或者处置养殖过程中产生的畜禽粪便，防止污染环境。

(1) 畜禽养殖场必须按照有关规定向所在地的环境保护行政主管部门进行排污申报登记。

(2) 畜禽养殖场排放的污染物，不能超过国家或地方规定的排放标准。在依法实施污染物排放总量控制的区域内，畜禽养殖场必须按照规定取得《排污许可证》，并按照《排污许可证》的规定排放污染物。

（3）畜禽养殖场排放污染物，应按照国家规定缴纳排污费；向水体排放污染物，超过国家或地方规定排放标准的，应按规定缴纳超标准排污费。

（4）畜禽养殖场必须设置畜禽废渣的储存设施和场所，采取对储存场所地面进行水泥硬化等措施，防止畜禽废渣渗漏、散落、溢流、雨水淋失、恶臭气味等对周围环境造成污染和危害。畜禽养殖场应当保持环境整洁，采取清污分流和粪尿的干湿分离等措施，实现清洁养殖。

（5）畜禽养殖场应该采取将畜禽废渣还田、生产沼气、制造有机肥料、制造再生饲料等方法进行综合利用。用于直接还田利用的畜禽粪便，应当经过处理达到规定的无害化标准，防止病菌传播。

（6）禁止向水体倒畜禽废渣。

（7）运输畜禽废渣，必须采取防渗漏、防流失、防遗撒及其他防止污染环境的措施，妥善处置贮运工具清洗废水。

（8）对于超过规定排放标准或排放总量指标排放污染物，或者造成周围环境严重污染的畜禽养殖场，县级以上人民政府环境保护行政主管部门可提出限期治理建议，报同级人民政府批准实施。

第七章　农产品质量与食品安全政策

【相关政策】

1.《中华人民共和国农产品质量安全法》(2006年11月1日起施行)

2.《农产品产地安全管理办法》(农业部，2006年11月1日起施行)

3.《中华人民共和国畜牧法》(2006年7月1日起施行)

4.《食品卫生许可证管理办法》(2006年6月1日起施行)

5.《关于发展无公害农产品绿色食品有机农产品的意见》(农业部，2005年8月8日)

6.《关于进一步加强农产品质量安全管理工作的意见》(农业部，2004年12月8日)

7.《散装食品卫生管理规范》(卫生部，2004年1月1日起执行)

8.《水产养殖质量安全管理规定》(农业部，2003年9月1日起实施)

9.《无公害农产品认证程序》、《无公害农产品产地认定程序》(农业部、国家认证认可监督管理委员会，2003年4月17日起执行)

10.《无公害农产品标志管理办法》(农业部、国家认证认可监督管理委员会，2002年11月25日起实施)

11.《无公害农产品管理办法》(农业部、国家质量监督检验检疫总局，2002年4月29日起实施)

12.《中华人民共和国农药管理条例》(修订，2001年12月29日起施行)

13.《农业转基因生物安全管理条例》(2001年5月23日起施行)

14.《餐饮业食品卫生管理办法》(卫生部，2000年6月1日起施行)

15.《水产品卫生管理办法》(卫生部，1999年11月20日起施行)

16.《中华人民共和国食品卫生法》(1995年10月30日起施行)

第一节　食品卫生政策

一、食品生产经营卫生政策

1. 国家对散装食品的卫生要求

(1) 出厂的散装食品必须采用符合卫生标准要求的包装材料和容器进行密封包装，并在标签上标明以下内容：食品名称、配料表、生产者和地址、生产日期、保质期、保存条件、食用方法、包装规格。同时应该附有检验合格证明。

(2) 运输散装食品必须使用专用运输工具，并且在符合食品保存条件的状态下运输。

(3) 经营者采购散装食品时，必须向制售者索取并核对生产者的卫生许可证和食品检验合格证明等材料，留存复印件备查。经营者应该查验散装食品的标签内容是否清晰、完整，制售者必须如实提供。经营者应该配备相应的设备或工具，对购买的食品进行检验或送检。任何经营者不能经销未取得卫生许可证的生产者生产的食品、无检验合格证明和标签内容不完整的散装食品。

(4) 经营者进货后，应该按照所采购食品的保存条件的要求进行储存，防止二次污染。

(5) 经营者应该按照“生熟分开”的原则设定散装食品销售区域。生、熟食品销售地点应该保持一定距离，不能在同一区域内销售，防止交叉污染。散装食品的销售区域应该具有明显的区分或隔离标志并保持清洁，根据所销售食品的需要，设置相应的温度调节、洗涤、消毒和存放设备、设施。

(6) 经营者销售的直接入口食品和不需清洗即可加工的散装食品，必须做到：

1) 食品应该由专人负责销售，并且为消费者提供分拣及包装服务。销售人员必须持有效健康证明，操作时必须戴口罩、手套和帽子。

2）销售的食品必须有防尘材料遮盖，设置隔离设施确保食品不能被消费者直接触及，并且具有禁止消费者触摸的标志。

3）经营者应在盛放食品的容器的显著位置或隔离设施上标识出食品名称、配料表、生产者和地址、生产日期、保质期、保存条件、食用方法。

4）经营者具有符合卫生要求的洗涤、消毒、储存和温度调节等设施或设备。

5）经营者必须提供给消费者符合卫生要求的小包装，并保证消费者能够获取符合条件的完整标签。

(7) 经营者销售需清洗后加工的散装食品时，应在销售货架的明显位置设置标签，并标注以下内容：食品名称、配料表、生产者和地址、生产日期、保质期、保存条件、食用方法等。

(8) 供消费者直接品尝的散装食品应该与销售食品明显区分，并且标明可品尝的字样。

(9) 由经营者重新分装的食品，标签应该按照原生产者的产品标识真实标注。

(10) 散装食品标签标注的生产日期必须与生产者出厂时标注的生产日期相一致，严禁更改原有的生产日期和保质期限，已经上市销售的预包装食品不能拆封后重新包装或散装销售。

(11) 经营者应该将不同生产日期的食品区分销售，并标明生产日期。如果将不同生产日期的食品混装销售，则必须在标签上标注最早的生产日期和最短的保质期限。

(12) 经营者应该配备专门的食品卫生管理员，负责散装食品卫生管理工作。

(13) 超过保质期限的散装食品，不能重新加工销售，应当由经营者或制售者负责销毁并保存相关记录。

2. 申请从事食品生产加工必须具备的条件

(1) 具有卫生管理制度、组织和经过专业培训的专兼职食品卫生管理人员；

（2）具有与食品生产加工相适应的、符合卫生要求的厂房、设施、设备和环境；

（3）具有在工艺流程和生产加工过程中控制污染的条件和措施；

（4）具有符合卫生要求的生产用原材料、辅助材料、工具、容器及包装物料；

（5）具有能对食品进行检测的机构、人员以及必要的仪器设备；

（6）从业人员经过上岗前培训、健康检查合格；

（7）省级卫生行政部门规定的其他条件。

3. 申请从事食品经营必须具备的条件

（1）具有卫生管理制度、组织和经过专业培训的专兼职食品卫生管理人员；

（2）具有与食品经营相适应的、符合卫生要求的营业场所、设施、设备和环境；

（3）具有在食品贮藏、运输和销售过程中控制污染的条件和措施；

（4）从业人员经过上岗前培训、健康检查合格；

（5）省级卫生行政部门规定的其他条件。

4. 申请从事餐饮业和食堂经营必须具备的条件

（1）具有卫生管理制度、组织和经过专业培训的专兼职食品卫生管理人员；

（2）具有符合卫生条件和要求的加工经营场所、清洗、消毒等卫生设施、设备；

（3）具有在食品采购、贮存、加工制作过程中控制污染的条件和措施；

（4）从业人员经过上岗前培训、健康检查合格；

（5）省级卫生行政部门规定的其他条件。

5. 食品卫生许可证的发放种类

（1）凡是从事食品生产、加工、销售的单位和个人，在开业之前必须到卫生行政机关申请办理食品卫生许可证，取得有效的食品卫生许可证后，才能从业，否则就是违法行为。包括食品加工厂、食品商店、饭店食堂、流动摊贩等。

（2）食品添加剂、保健食品和新资源食品生产企业生产活动，由省级卫生行政部门发放卫生许可证。

（3）其他食品生产经营者生产经营活动的卫生许可证由省级、设区的市级、县级卫生行政部门根据《关于卫生监督体系建设的若干规定》确定的职责范围发放。

6. 申请办理食品卫生许可证的程序

（1）到卫生行政部门（如县、市卫生防疫站）领取卫生许可证申请书，填写卫生许可证申请书；

（2）提交相关材料（生产经营场所总平面图、设施布局平面图、生产工艺流程图等）；

（3）卫生监督机构在接到申请报告和上述有关材料后，指定两名以上监督员到生产经营现场按食品卫生许可证发放要求进行审查、化验和现场勘察，提出审查意见；

（4）组织从业人员到卫生防疫站进行健康查体，取得健康证明；

（5）组织从业人员进行卫生法律法规培训，经过考试合格；

（6）经审查合格，缴纳费用后，一般七个工作日内发放卫生许可证，不予发证的书面说明原因。

7. 申办食品卫生许可证应该注意的问题

（1）同一食品生产经营者在两个或两个以上地点从事食品生产经营活动的，应当分别申领卫生许可证。

（2）食品生产经营者改变生产经营地址的，应当重新申请并办理卫生许可证。

（3）食品生产经营者需要延续卫生许可证的，应当在卫生许可证有效期届满前60日内向原发证机关提出申请。

（4）食品生产经营者遗失卫生许可证的，应当于遗失后60日内向卫生行政部门申请补办。

(5) 食品生产经营者在卫生许可证有效期内，停止食品生产经营活动一年以上的，卫生许可证自动失效并由原发证机关注销。

(6) 食品生产经营者取得卫生许可证后，应当妥善保管，不能转让、涂改、出借、倒卖、出租或者以其他非法形式转让。

(7) 食品生产经营者应当在明显位置悬挂或者摆放卫生许可证，方便消费者监督。

(8) 食品生产经营者因为违反食品卫生法规，被吊销卫生许可证的，企业法定代表人或者主要负责人三年内不能申请卫生许可证，卫生行政部门不予受理。

8. 受其他企业委托的食品生产加工者应当遵守的规定

(1) 取得卫生许可证；

(2) 受委托生产加工的食品品种在所获得的许可范围内；

(3) 食品卫生信誉度等级达到 a 级；

(4) 委托生产加工的食品，最小销售包装、标签和说明书上应当分别标明委托方、受委托方的企业名称、生产地址和卫生许可证号。

9. 食品生产企业为保证产品质量应当必备的条件

(1) 环境条件要求。企业应当建在无有害气体、烟尘、灰尘、放射性物质及其他扩散性污染源的地区。企业生产加工的卫生条件及污染物处置应符合国家规定的要求。

(2) 生产设备要求。食品生产加工企业必须具备保证产品质量安全的生产设备、工艺装备和相关辅助设备，具有与保证产品质量相适应的原料处理、加工、贮存等厂房和场所。企业的生产设备、设施、厂房等都应该满足安全生产的要求。使用特殊设备生产食品的，还应当符合相关规定的要求。

(3) 原辅材料要求。食品生产加工所用的原辅材料必须符合相应的国家标准、行业标准及有关规定，不能使用非食用性原料生产食品。直接用于食品生产加工的水必须符合《生活饮用水卫生标准》（GB 5749—2006）要求。采购已实施生产许可证管理的产品作为生产原料时，应当查验该产品的生产许可证。

2008 年 9 月发生的“三鹿奶粉事件”就是由于不法生产者在奶粉中添加了不该添加的非食用性原料三聚氰胺（一种有机化工原料，广泛运用于木材、塑料、涂料、造纸、纺织、皮革、电气、医药等行业，添加三聚氰胺可以使食品的蛋白质含量虚高），结果导致了数以万计的婴幼儿患上肾结石。

（4）生产加工要求。食品加工工艺流程应当科学、合理。生产加工过程应当严格规范，防止生物性、化学性、物理性污染以及原料与半成品、成品的交叉污染，严禁使用国家明令淘汰的生产工艺和设备。

（5）产品要求。食品企业必须按照有效的产品标准组织生产。企业生产的产品必须符合国家标准和行业标准的规定以及企业明示的质量要求。

（6）人员要求。企业负责人应当了解产品质量法律法规和企业的产品质量责任、义务。企业生产技术人员应当具有相关的专业知识。企业的生产操作人员和检验人员上岗前应当经过培训考核，检验人员做到持证上岗。从事食品生产的人员应当身体健康，无传染性疾病。

（7）检验要求。企业应当具有相应的《审查细则》规定的产品出厂的合格检验设备，并且在有效期内使用。企业检验部门、检验人员应当能够独立行使职权。

（8）包装及标识要求。用于食品包装的材料必须符合国家法律法规及强制性标准的要求。定量包装食品的净含量应当符合相应的产品标准要求或者《定量包装商品计量监督规定》的要求。食品标识必须符合国家法律法规及《预包装食品标签通则》（GB 7718—2004）的要求。裸装食品每批货物出厂应当提供质量证明，并且必须符合本项规定。

（9）贮运要求。企业库房的条件应当与相关食品的贮存要求相适应，成品库原则上应当专库专用。食品运输用的车辆、工具必须清洁卫生，不能将成品与污染物同车运输。

(10) 质量管理要求。企业应该根据有关法律法规要求，建立健全企业质量管理制度。实施从原材料到最终产品实现的全过程的质量管理，严格岗位质量责任，加强质量考核。

10. 食品生产许可证使用过程中应该注意的问题

(1) 食品生产加工或者销售企业有下列情况之一的，由质量技术监督部门责令其停止生产、销售，限期取得食品生产许可证；并处违法生产销售产品（包括已出售和未出售的食品）货值金额15%～20%的罚款；有违法所得的，没收违法所得；造成损失的，依法追究责任。

1) 未获得食品生产许可证而擅自生产的；

2) 委托无证企业生产加工食品的；

3) 食品生产许可证超过有效期而继续生产的；

4) 超出许可范围擅自生产的；

5) 销售无证产品的。

(2) 取得食品生产许可证的企业，没有按照规定在食品包装上标明生产许可证编号和加印（贴）QS标志的，责令整改；情节严重的，可以处罚款，吊销食品生产许可证。

(3) 伪造、冒用食品生产许可证及QS标志的，取得生产许可证的企业转让或者涂改生产许可证编号或者标志的，违法接受并使用他人提供的生产许可证编号的，由质量技术监督部门责令改正，并按照《中华人民共和国产品质量法》第五十三条的规定处罚；情节严重的，吊销食品生产许可证。

(4) 企业未按时进行年审或者年审不合格、未按规定办理变更申请而继续生产的，由质量技术监督部门责令其限期改正；逾期不改正的，按照《中华人民共和国产品质量法》第五十三条的规定实施处罚；情节严重的，吊销食品生产许可证。

(5) 使用不符合本办法规定的原材料、食品添加剂生产加工食品的，按照《中华人民共和国产品质量法》第五十条的规定处罚；情节严重的，吊销食品生产许可证。

(6) 食品生产企业不具备产品出厂检验能力而且未按规定进行委托出厂检验而擅自出厂销售的，或者食品生产企业具备产品出厂检验能力而没有按规定实施产品出厂检验的，由质量技术监督部门责令限期改正；逾期不改的或者情节严重的，处3万元以下罚款；情节严重的，吊销食品生产许可证。

(7) 企业的检验、检测仪器属于强制检定范围的计量器具，如果没有按照规定申请检定，或者属于非强制检定范围的计量器具没有自行定期检定或者没有送其他计量检定机构定期检定的，以及经检定不合格继续使用的，按照《中华人民共和国计量法实施细则》第四十六条的规定处罚。

(8) 食品质量安全不符合强制性标准要求的，按照《中华人民共和国产品质量法》第四十九条的规定处罚；情节严重的，吊销食品生产许可证。

(9) 企业在生产加工过程中，存在掺假等行为的；由于产品质量安全原因发生事故造成严重后果的；在国家监督抽查或者省级质量技术监督部门组织的监督检查中，质量安全指标连续2次抽查检验不合格的；企业拒绝接受监督检查的，后果和情节严重的，由发证部门吊销食品生产许可证，并按照有关法律法规给予行政处罚。

11. 食品生产经营过程必须符合的卫生要求

(1) 保持内外环境整洁，采取消除苍蝇、老鼠、蟑螂和其他有害昆虫及其孳生条件的措施，与有毒、有害场所保持规定的距离；

(2) 食品生产经营企业应当有与产品品种、数量相适应的食品原料处理、加工、包装、贮存等厂房或者场所；

(3) 应当有相应的消毒、更衣、盥洗、采光、照明、通风、防腐、防尘、防蝇、防鼠、洗涤、污水排放、存放垃圾和废弃物的设施；

(4) 设备布局和工艺流程应当合理，防止待加工食品与直接入口食品、原料与成品交叉污染，食品不能接触有毒物、不洁物；

(5) 餐具、饮具和盛放直接入口食品的容器，使用前必须洗净、消毒，炊具、用具用后必须洗净，保持清洁；

(6) 贮存、运输和装卸食品的容器包装、工具、设备和条件必须安全、无害，保持清洁，防止食品污染；

(7) 直接入口的食品应当有小包装或者使用无毒、清洁的包装材料；

(8) 食品生产经营人员应当经常保持个人卫生，生产、销售食品时，必须将手洗净，穿戴清洁的工作衣、帽；销售直接入口食品时，必须使用售货工具；

(9) 用水必须符合国家规定的城乡生活饮用水卫生标准；

(10) 使用的洗涤剂、消毒剂应当对人体安全、无害。

12. 国家规定的禁止生产经营的食品

(1) 腐败变质、油脂酸败、霉变、生虫、污秽不洁、混有异物或者其他感官性状异常，可能对人体健康有害的；

(2) 含有毒、有害物质或者被有毒、有害物质污染，可能对人体健康有害的；

(3) 含有致病性寄生虫、微生物的，或者微生物毒素含量超过国家限定标准的；

(4) 未经兽医卫生检验或者检验不合格的肉类及其制品；

(5) 病死、毒死或者死因不明的禽、畜、兽、水产动物等及其制品；

(6) 容器包装污秽不洁、严重破损或者运输工具不洁造成污染的；

(7) 掺假、掺杂、伪造，影响营养、卫生的；

(8) 用非食品原料加工的，加入非食品用化学物质的或者将非食品当作食品的；

(9) 超过保质期限的；

(10) 为防病等特殊需要，国务院卫生行政部门或者省、自治区、直辖市人民政府专门规定禁止出售的；

（11）含有未经国务院卫生行政部门批准使用的添加剂的或者农药残留超过国家规定容许量的；

（12）其他不符合食品卫生标准和卫生要求的。

二、食品消费卫生政策

1. 如何购买安全卫生的食品

（1）选择合适的食品购买场所。最好到具有经营资格、信誉好、讲诚信的商场、超市购买，不在无证食品摊点购买食品。

（2）看食品包装标识是否齐全。按照国家有关规定，食品外包装上必须标明商品名称、配料表、净含量、厂名、厂址、电话、生产日期、保质期、产品标准号等内容，消费者要注意选购包装标识齐全的食品。

（3）看食品的生产日期或失效日期。不仅要认真查看是否已经过期，还要认真查看是否临近失效日期，临近失效期的食品亦不宜过多购买。

（4）购买已经获得国家认证的并标注有绿色食品、"QS"（食品安全认证）等标志的食品。从2004年4月1日起，国家对米、面、食用油、酱油、醋五类食品实行市场准入，要求这五类食品必须通过"QS"认证，并在外包装上加贴"QS"标志及准入证号，才能上市销售。

（5）购买散装食品时，除了要注意选择标签标注齐全、规范，保质期、生产日期标注真实，有防尘设施的散装食品外，还要增强自身卫生意识，要求专销人员按卫生要求称取散装食品，做到自己不随意触摸，养成良好的购物习惯。

（6）在选购肉制品时，验看肉制品的检疫合格证，不采购无检疫合格证的肉制品。

（7）注意食品的颜色。不要购买外观过于鲜艳、好看的食品，在食品的加工过程中环节越多，添加的原料越多，越容易带来污染和潜在的伤害。如馒头并不是越白越好，糖果并不是越鲜艳越好。

(8) 不要盲目食用保健食品。保健食品是具有特定保健功能的食品，它适宜特定人群食用，要有针对性的购买保健食品。购买时要详细阅读标签或说明书，看一下有无禁忌，有些保健品有禁用或不宜食用的人群。

(9) 提高食品消费安全防范意识。主动索要、妥善保管购物凭据，如出现问题可作为投诉或申诉的重要依据。

2. 购买到假冒伪劣食品或食物中毒后投诉的方法

如发现购买了假冒伪劣、质量不合格的食品，如食品上有霉点、脏污等，要及时向消费者协会投诉或工商部门举报。如果在超市购买食品或到外面饭店吃饭时，发现餐具不卫生、食物不干净，或者发生食物中毒，都可以向辖区的卫生监督部门投诉。消费者可以用电话投诉、当面投诉和书面投诉三种形式。投诉时应该提供购买该食品的凭证，同时提供包装完整未食用的相同种类和批号食品。遇到可疑食品中毒时，应将剩余的可疑食品保存在冰箱内，如有呕吐和腹泻的，呕吐物及排泄物用干净的容器盛装，便于协助食品卫生监督部门确定中毒原因。

如果遇到重大食物中毒事件可拨打 12320 公共卫生公益热线电话投诉。

图 7－1　国家高度重视食品安全工作。质检总局部署的严厉打击食品黑作坊、黑窝点和严厉打击使用非食用原料生产加工食品等专项行动取得明显成效。(新华网图片)

图7－2　从总体上来看，中国的农产品质量是有保障的，也是安全放心的。农业部2008年的例行监测情况显示，蔬菜检测合格率达96.3%，畜产品的检测合格率达98.6%，水产品的检测合格率达94.7%，保持了比较高的水平。（中国质量新闻网）

第二节　农产品质量安全政策

一、概述

1. 农产品质量安全

农产品，是指来源于农业的初级产品，即在农业活动中获得的植物、动物、微生物及其产品。农产品质量安全，是指农产品质量符合保障人的健康、安全的要求。

2. 我国农产品质量安全的工作重点

（1）加强农产品质量安全管理的五个环节

为了对农产品质量安全实施强有力的监控，必须大力加强农产品产地环境、农业投入品、农业生产过程、包装标识和市场准入等五个环节的管理。

1）产地环境。严格农产品产地环境的管理，重点解决化肥、农药、兽药、饲料等农业投入品对农业生态环境和农产品的污染。抓紧制定相关农产品的产地环境标准，全面开展农产品重点生产基地环境监测，采取切实有效的农业生态环境净化措施，保证农产品的产地环境符合要求，从源头上把好农产品质量安全关。

2）农业投入品。按照《农药管理条例》、《兽药管理条例》、《饲料和饲料添加剂管理条例》等有关规定，健全农业投入品的市场准入制度，严格农业投入品的生产、经营许可和登记。通过市场准入管理，引导农业投入品的结构调整与优化，逐步淘汰高残毒农业投入品品种，发展高效低残毒品种。加强对农业投入品市场的监督管理，严厉打击制售和使用假冒伪劣农业投入品行为。建立农业投入品的禁用、限用制度，及时向社会公布禁用、限用的农业投入品品种。

3）生产过程。农产品生产、经营者要严格按照标准组织生产和加工，科学合理使用化肥、农药、兽药、饲料等农业投入品和灌溉、养殖用水。

4）包装标识。要根据不同农产品的特点，逐步推行产品分级包装上市。对包装上市的农产品，要标明产地和生产单位，建立农产品质量安全追溯制度。

5）市场准入。在生产基地、批发市场，要逐步建立农产品自检制度。产品自检合格，才能投放市场或进入无公害农产品专营区销售。无论是生产基地，还是农产品批发市场、农贸市场，都要自觉接受和配合政府指定的检测机构的检测检验，接受执法单位对不合格产品依法作出的处理。

（2）建立健全农产品质量安全保障体系

对农产品质量安全实施强有力的监控，必须建立健全农产品质量安全标准、检测检验、质量认证体系，加强执法监督、技术推广、市场信息等工作。

1）农产品质量安全标准体系。重点是加快农产品产地环境、生产技术规范和产品质量安全标准的制定并完善配套，使我国主要农产品品种、生产、质量、安全、包装、保鲜等方面的国家标准或行业标准基本配套，农产品生产经营的各环节都有相应的标准可遵循。要积极引进和采用国际标准，并逐步与国际接轨。

2）农产品质量安全检测检验体系。要加强地方农产品质量安全检测检验体系建设，逐步健全省级农产品、农业投入品和农业生态环境检测检验站（所），尽快开展农产品质量安全的日常监督管理和检测工作。同时，要指导农产品生产基地和批发市场，逐步配备快速检测仪器设备，培训技术人员，开展生产基地和批发市场农产品质量安全状况的检测。

3）农产品质量安全认证体系。要以无公害农产品生产基地认定和标识认证为基础，积极推行 GMP（良好操作规范）、HACCP（危害分析与关键控制点）、ISO9000 系列标准（质量管理和质量保证体系系列标准）、ISO14000 系列标准（环境管理和环境保证体系系列标准）认证和管理工作。大力培育具有市场前景的名牌农产品，提高农产品的市场竞争力。

4）农产品质量安全执法监督。在全国范围内开展农产品产地环境定点监测、农业投入品监督检查、农产品质量安全监督抽查工作。在加大对农业投入品执法监督的同时，要加强对农业生态环境和农产品质量安全的监督管理。把对禁用、限用农业投入品的监督管理作为重点。对查出的有毒有害物质超标的农产品，要依法及时处理。

5）农产品质量安全科技进步。围绕农产品质量安全，抓好新品种、新技术、新产品的开发、推广和技术服务工作。

6）农产品质量安全市场信息工作。重视农产品质量安全信息网络建设，及时向农产品的生产、加工、经营和使用者提供农产品质量、安全、标准、品牌等方面的信息。

二、农产品生产和销售安全政策

1. 对农产品产地和生产过程的有关规定

（1）禁止在有毒有害物质超过规定标准的区域生产、捕捞、采集食用农产品和建立农产品生产基地。

（2）禁止违反法律、法规的规定向农产品产地排放或者倾倒废水、废气、固体废物或者其他有毒有害物质。禁止在农产品产地堆放、贮存、处置工业固体废物。

（3）农业生产用水和用作肥料的城镇垃圾、污泥等固体废物，应当经过无害化处理并符合国家规定的标准。

（4）利用工业废水和城市污水进行灌溉的，县级以上地方人民政府农业行政主管部门应当组织对用于灌溉的水质及灌溉后的土壤、农产品进行定期监测，并采取相应措施，防止污染土壤、地下水和农产品。

（5）农产品生产者应当合理使用化肥、农药、兽药、农用薄膜等化工产品，严格执行农业投入品使用安全间隔期或者休药期的规定，防止对农产品产地造成污染。

（6）农产品生产者应当及时清除、回收农用薄膜、农业投入品包装物等，防止污染农产品产地环境。

（7）国家引导、推广农产品标准化生产，鼓励和支持生产优质农产品，禁止生产、销售不符合国家规定的农产品质量安全标准的农产品。

（8）农产品生产企业和农民专业合作经济组织应当建立农产品生产记录，如实记载下列事项：

1）使用农业投入品的名称、来源、用法、用量和使用、停用的日期；

2）动物疫病、植物病虫草害的发生和防治情况；

3）收获、屠宰或者捕捞的日期。

（9）农产品生产企业和农民专业合作经济组织，应当自行或者委托检测机构对农产品质量安全状况进行检测；经检测不符合农产品质量安全标准的农产品，不能销售。

（10）国家建立农产品质量安全监测制度。县级以上人民政府农业行政主管部门应当按照保障农产品质量安全的要求，制定并组织实施农产品质量安全监测计划，对生产中或者市场上销售的农产品进行监督抽查。监督抽查结果予以公布。农产品生产者、销售者对监督抽查检测结果有异议的，可以自收到检测结果之日起五日内，向组织实施农产品质量安全监督抽查的农业行政主管部门或者其上级农业行政主管部门申请复检。因检测结果错误给当事人造成损害的，依法承担赔偿责任。

2. 对农产品包装的有关规定

（1）农产品生产企业、农民专业合作经济组织以及从事农产品收购的单位或者个人销售的农产品，按照规定应当包装或者附加标识的，必须经包装或者附加标识后方可销售。包装物或者标识上应当按照规定标明产品的品名、产地、生产者、生产日期、保质期、产品质量等级等内容；使用添加剂的，还应当按照规定标明添加剂的名称。

（2）农产品在包装、保鲜、贮存、运输中所使用的保鲜剂、防腐剂、添加剂等材料，应当符合国家有关强制性的技术规范。

（3）属于农业转基因生物的农产品，应当按照农业转基因生物安全管理的有关规定进行标识。

（4）依法需要实施检疫的动植物及其产品，应当附具检疫合格标志、检疫合格证明。

（5）销售的农产品必须符合农产品质量安全标准，生产者可以申请使用无公害农产品标志。农产品质量符合国家规定的有关优质农产品标准的，生产者可以申请使用相应的农产品质量标志，但禁止冒用农产品质量标志。

3. 农产品生产过程中对农药的使用规定

（1）使用农药应当遵守农药防毒规程，正确配药、施药，做好废弃物处理和安全防护工作，防止农药污染环境和农药中毒事故。

（2）使用农药应当遵守国家有关农药安全、合理使用的规定，按照规定的用药量、用药次数、用药方法和安全间隔期施药，防止污染农副产品。

（3）剧毒、高毒农药不能用于防治卫生害虫，不能用于蔬菜、瓜果、茶叶和中草药材。

（4）禁止使用假农药、劣质农药和国家明令禁止生产或者撤销登记的农药。

（5）县级以上各级人民政府有关部门负责农副产品中农药残留量的检测工作，并公布检测结果。

（6）禁止销售农药残留量超过标准的农副产品。

（7）农药不能与粮食、蔬菜、瓜果、食品、日用品等混载、混放。

4．什么是“无公害食品行动计划”

经国务院批准，农业部从2001年4月启动“无公害食品行动计划”，率先在北京、天津、上海和深圳四个城市进行试点。在试点的基础上，于2002年7月开始在全国范围内全面推进“无公害食品行动计划”的实施。

实施无公害食品行动计划是对未加工或初加工的食用农产品生产实施全过程质量监控，主要内容包括：无公害农产品、绿色食品、有机食品生产环境的检测与控制、标准的制定与生产技术推广、农业投入品控制、产品质量检测、产品认证、产品包装标识管理及农产品市场准入等。

5．无公害农产品、绿色食品、有机食品有何不同

无公害农产品是指产地环境、生产过程和产品质量符合国家有关标准（规范）要求，经认证合格获得认证证书，并允许使用无公害农产品标志的未经加工的食用农产品或初加工的食用农产品。无公害农产品的生产包括产地认定和产品认证两个重要环节。

绿色食品是遵循可持续发展原则，按照绿色食品标准生产，经绿色食品管理机构认定，使用绿色食品商标标志的，无污染的安全、优质、营养类食品。

有机食品是按照国家有机食品生产技术规范生产加工并通过有机食品认证组织进行认证的农产品。

6．对农产品的销售要求

（1）农产品批发市场应当设立或者委托农产品质量安全检测机构，对进场销售的农产品质量安全状况进行抽查检测；发现不符合农产品质量安全标准的，应当要求销售者立即停止销售，

并向农业行政主管部门报告。

（2）农产品销售企业对所销售的农产品，应当建立健全进货检查验收制度；经查验不符合农产品质量安全标准的，不能销售。

（3）国家鼓励单位和个人对农产品质量安全进行社会监督。任何单位和个人都有权对违反本法的行为进行检举、揭发和控告。有关部门收到相关的检举、揭发和控告后，应当及时处理。

（4）县级以上人民政府农业行政主管部门可以对生产、销售的农产品进行现场检查，对经检测不符合农产品质量安全标准的农产品，有权查封、扣押。

7. 哪些农产品不能销售

（1）含有国家禁止使用的农药、兽药或者其他化学物质的；

（2）农药、兽药等化学物质残留或者含有的重金属等有毒有害物质不符合农产品质量安全标准的；

（3）含有的致病性寄生虫、微生物或者生物毒素不符合农产品质量安全标准的；

（4）使用的保鲜剂、防腐剂、添加剂等材料不符合国家有关强制性技术规范的；

（5）其他不符合农产品质量安全标准的。

三、农产品认证政策

1. 国家对无公害农产品认证的态度

国家鼓励生产单位和个人申请无公害农产品产地认定和产品认证。国家适时推行强制性无公害农产品认证制度。

2. 无公害农产品的生产应该符合的条件

（1）产地环境符合无公害农产品产地环境的标准要求，区域范围明确，具备一定的生产规模；

（2）生产过程符合无公害农产品生产技术的标准要求，有相应的专业技术和管理人员，有完善的质量控制措施，并有完整的生产和销售记录档案；

（3）从事无公害农产品生产的单位或者个人，应当严格按规定使用农业投入品。禁止使用国家禁用、淘汰的农业投入品；

（4）无公害农产品产地应当树立标示牌，标明范围、产品品种、责任人。

3．申请无公害农产品产地认证需要的材料

省级农业行政主管部门负责本辖区内无公害农产品产地认定工作。申请产地认定的单位和个人，应当向县级农业行政主管部门提出申请，并提交以下材料：

（1）《无公害农产品产地认定申请书》；

（2）产地的区域范围、生产规模；

（3）产地环境状况说明；

（4）无公害农产品生产计划；

（5）无公害农产品质量控制措施；

（6）专业技术人员的资质证明；

（7）保证执行无公害农产品标准和规范的声明；

（8）要求提交的其他有关材料。

县级农业行政主管部门自受理之日起30日内，对申请人的申请材料进行形式审查。符合要求的，出具推荐意见，连同产地认定申请材料逐级上报省级农业行政主管部门；不符合要求的，应当书面通知申请人。

省级农业行政主管部门对材料审查、现场检查、环境检验和环境现状评价符合要求的，进行全面评审，并作出认定终审结论。符合颁证条件的，颁发《无公害农产品产地认定证书》；不符合颁证条件的，应当书面通知申请人。

《无公害农产品产地认定证书》有效期为3年。期满后需要继续使用的，证书持有人应当在有效期满前90日内按照本程序重新办理。

4．申请无公害农产品认证需要的材料

凡生产《实施无公害农产品认证的产品目录》内的产品，并获得无公害农产品产地认定证书的单位和个人，均可申请产品认证。申请人可以通过省、自治区、直辖市和计划单列市人民政府农业行政主管部门或者直接向农业部农产品质量安全中心申请产品认证，并提交以下材料：

（1）《无公害农产品认证申请书》；

（2）《无公害农产品产地认定证书》（复印件）；

（3）产地《环境检验报告》和《环境评价报告》；

（4）产地区域范围、生产规模；

（5）无公害农产品的生产计划；

（6）无公害农产品质量控制措施；

（7）无公害农产品生产操作规程；

（8）专业技术人员的资质证明；

（9）保证执行无公害农产品标准和规范的声明；

（10）无公害农产品有关培训情况和计划；

（11）申请认证产品的生产过程记录档案；

（12）"公司加农户"形式的申请人应当提供公司和农户签订的购销合同范本、农户名单以及管理措施；

（13）要求提交的其他材料。

农业部农产品质量安全中心承担无公害农产品认证（以下简称产品认证）工作。符合颁证条件的，签发《无公害农产品认证证书》；不符合颁证条件的，中心应当书面通知申请人。

《无公害农产品认证证书》有效期为3年，期满后需要继续使用的，证书持有人应当在有效期满前90日内按照本程序重新办理。

5. 需暂停或撤销其产品认证证书的情况

获得产品认证证书的，有下列情况之一的，农产品质量安全中心应当暂停其使用产品认证证书，并责令限期改正：

（1）生产过程发生变化，产品达不到无公害农产品标准要求；

（2）经检查、检验、鉴定，不符合无公害农产品标准要求。

获得产品认证证书，有下列情况之一的，中心应当撤销其产品认证证书：

（1）擅自扩大标志使用范围；

（2）转让、买卖产品认证证书和标志；

（3）产地认定证书被撤销；

（4）被暂停产品认证证书未在规定限期内改正的。

6. 无公害农产品标志的使用规定

（1）无公害农产品标志是加施于获得无公害农产品认证的产品或者其包装上的证明性标记。国家鼓励获得无公害农产品认证证书的单位和个人积极使用全国统一的无公害农产品标志。

（2）农业部和国家认证认可监督管理委员会对全国统一的无公害农产品标志实行统一监督管理。县级以上地方人民政府农业行政主管部门和质量技术监督部门按照职责分工依法负责本行政区域内无公害农产品标志的监督检查工作。

（3）凡获得无公害农产品认证证书的单位和个人，均可以向无公害农产品认证机构申请无公害农产品标志。认证机构应当按照认证证书标明的产品品种和数量发放无公害农产品标志。

（4）获得无公害农产品认证证书的单位和个人，可以在证书规定的产品或者其包装上加施无公害农产品标志，用以证明产品符合无公害农产品标准。印制在包装、标签、广告、说明书上的无公害农产品标志图案，不能作为无公害农产品标志使用。

（5）使用无公害农产品标志的单位和个人，应当在无公害农产品认证证书规定的产品范围和有效期内使用，不能超范围和逾期使用，不能买卖和转让，也不能伪造、变造、盗用和冒用、买卖和转让无公害农产品标志。

（6）使用无公害农产品标志的单位和个人，应当建立无公害农产品标志的使用管理制度，对无公害农产品标志的使用情况如实记录并存档。

（7）无公害农产品标志的印制工作应当由经农业部和国家认监委考核合格的印制单位承担，其他任何单位和个人不能擅自印制。

7. 国家对于农业转基因生物的生产与经营的规定

农业转基因生物，是指利用基因工程技术改变基因组构成，用于农业生产或者农产品加工的动植物、微生物及其产品。国家对于农业转基因生物及其产品的生产、经营有严格的规定：

（1）生产转基因植物种子、种畜禽、水产苗种，应当取得国务院农业行政主管部门颁发的生产许可证。申请转基因植物种子、种畜禽、水产苗种生产许可证，除应当符合有关法律、行政法规规定的条件外，还应当符合下列条件：

1）取得农业转基因生物安全证书并通过品种审定；

2）在指定的区域种植或者养殖；

3）有相应的安全管理、防范措施；

4）国务院农业行政主管部门规定的其他条件。

（2）生产转基因植物种子、种畜禽、水产苗种的单位和个人，应当建立生产档案，载明生产地点、基因及其来源、转基因的方法以及种子、种畜禽、水产苗种流向等内容。

（3）单位和个人从事农业转基因生物生产、加工的，应当由国务院农业行政主管部门或者省、自治区、直辖市人民政府农业行政主管部门批准。

（4）农民养殖、种植转基因动植物的，由种子、种畜禽、水产苗种销售单位依照规定代办审批手续。审批部门和代办单位不能向农民收取审批、代办费用。

（5）从事农业转基因生物生产、加工的单位和个人，应当按照批准的品种、范围、安全管理要求和相应的技术标准组织生产、加工，并定期向所在地县级人民政府农业行政主管部门提供生产、加工、安全管理情况和产品流向的报告。

（6）农业转基因生物在生产、加工过程中发生基因安全事故时，生产、加工单位和个人应当立即采取安全补救措施，并向所在地县级人民政府农业行政主管部门报告。

（7）从事农业转基因生物运输、储存的单位和个人，应当采取与农业转基因生物安全等级相适应的安全控制措施，确保农业转基因生物运输、储存的安全。

（8）经营转基因植物种子、种畜禽、水产苗种的单位和个人，应当取得国务院农业行政主管部门颁发的种子、种畜禽、水产苗种经营许可证。

(9) 经营转基因植物种子、种畜禽、水产苗种的单位和个人，应当建立经营档案，载明种子、种畜禽、水产苗种的来源、贮存、运输和销售去向等内容。

(10) 在中华人民共和国境内销售列入农业转基因生物目录的农业转基因生物，应当有明显的标识。列入农业转基因生物目录的农业转基因生物，由生产、分装单位和个人负责标识；未标识的，不能销售。

(11) 农业转基因生物的广告，应当经国务院农业行政主管部门审查批准后，才能刊登、播放、设置和张贴。

第三节　畜禽产品和水产品质量安全政策

一、畜禽产品质量安全政策

1. 畜禽养殖场、养殖小区应当具备的条件

(1) 有与饲养规模相适应的生产场所和配套的生产设施；

(2) 有为其服务的畜牧兽医技术人员；

(3) 具备法律、行政法规和国务院畜牧兽医行政主管部门规定的防疫条件；

(4) 有对畜禽粪便、废水和其他固体废弃物进行综合利用的沼气池等设施或者其他无害化处理设施；

(5) 具备法律、行政法规规定的其他条件。

养殖场、养殖小区兴办者应当将养殖场、养殖小区的名称、养殖地址、畜禽品种和养殖规模，向所在地县级人民政府畜牧兽医行政主管部门备案，取得畜禽标识代码。

2. 畜禽养殖场应当建立养殖档案

畜禽养殖场应当建立养殖档案，记明以下内容：

(1) 畜禽的品种、数量、繁殖记录、标识情况、来源和进出场日期；

（2）饲料、饲料添加剂、兽药等投入品的来源、名称、使用对象、时间和用量；

（3）检疫、免疫、消毒情况；

（4）畜禽发病、死亡和无害化处理情况；

（5）国务院畜牧兽医行政主管部门规定的其他内容。

3. 从事畜禽养殖应该注意的问题

（1）从事畜禽养殖，应当依照《中华人民共和国动物防疫法》的规定，做好畜禽疫病的防治工作。

（2）畜禽养殖者应当按照国家关于畜禽标识管理的规定，在应当加施标识的畜禽的指定部位加施标识。畜禽标识不能重复使用。

（3）畜禽养殖场、养殖小区应当保证畜禽粪便、废水及其他固体废弃物综合利用或者无害化处理设施的正常运转，保证污染物达标排放，防止污染环境。

（4）不能违反法律、行政法规的规定和国家技术规范的强制性要求使用饲料、饲料添加剂、兽药；

（5）不能使用未经高温处理的餐馆、食堂的泔水饲喂家畜；

（6）不能在垃圾场或者使用垃圾场中的物质饲养畜禽。

4. 对畜禽屠宰加工的规定

（1）屠宰加工厂必须布局合理，做到畜禽病健分离和分宰。做好人畜共患病的防护工作；做好粪便和污水的处理。熟制品加工场所应按作业顺序分为原料整理、烧煮加工、成品冷却贮存或门市零售等专用，严防交叉污染。上述专用间必须具备防蝇、防鼠、防尘设备。

（2）屠宰畜禽应按照农业部、卫生部、对外贸易部、商业部颁发的《肉品卫生检验试行规程》进行检验处理。畜肉应割除甲状腺和肾上腺；经兽医卫生检验的肉，应加盖印戳或开具证明。

（3）屠宰后的肉，必须冲洗修割干净，做到无血、无毛、无粪便污物，无伤痕病灶；存放时不能直接接触地面，在充分凉透后再出场。

(4) 生产食用血必须经所在地食品卫生监督机构批准。必须采取防止毛、粪便、杂质污染的有效措施，并且必须煮熟煮透，充分凉透后再出场。变质、有异味的血不准供食用。

(5) 需要进行无害化处理的肉，必须单独存放，防止交叉污染。凡是病死、毒死或死因不明的畜禽一律不能供食用。

(6) 加工中使用的容器、用具等，必须做到生熟分开、清洗消毒；加工好的肉制品应摊开凉透，并尽量缩短存放时间。运送肉品的工具、容器在每次使用前后必须清洗消毒，装卸肉品时应注意操作卫生，严防污染。

(7) 运输鲜肉原则上要求使用密封保冷车（仓），敞车短途运输必须上盖下垫；运输熟肉制品应该有密闭的包装容器、尽可能专车专用，防止污染。

5. 对畜禽生产经营许可证的有关规定

(1) 从事种畜禽生产经营或者生产商品代仔畜、雏禽的单位、个人，应当取得种畜禽生产经营许可证。申请人持种畜禽生产经营许可证依法办理工商登记，取得营业执照后，方可从事生产经营活动。

(2) 禁止任何单位、个人无种畜禽生产经营许可证或者违反种畜禽生产经营许可证的规定生产经营种畜禽。

(3) 禁止伪造、变造、转让、租借种畜禽生产经营许可证。

(4) 农户饲养的种畜禽用于自繁自养和有少量剩余仔畜、雏禽出售的，农户饲养种公畜进行互助配种的，不需要办理种畜禽生产经营许可证。

二、水产品质量安全政策

1. 水产品健康养殖和生态养殖

健康养殖指通过采用投放无疫病苗种、投喂全价饲料及人为控制养殖环境条件等技术措施，使养殖生物保持最适宜生长和发育的状态，实现减少养殖病害发生、提高产品质量的一种养殖方式。

生态养殖指根据不同养殖生物间的共生互补原理，利用自然界物质循环系统，在一定的养殖空间和区域内，通过相应的技术和管理措施，使不同生物在同一环境中共同生长，实现保持生态平衡、提高养殖效益的一种养殖方式。

国家鼓励水产养殖单位和个人发展健康养殖，减少水产养殖病害发生；控制养殖用药，保证养殖水产品质量安全；推广生态养殖，保护养殖环境。

国家鼓励水产养殖单位和个人依照有关规定申请无公害农产品认证。

2. 对水产养殖用水的规定

（1）水产养殖用水应当符合农业部《无公害食品海水养殖用水水质》（NY5052—2001）或《无公害食品淡水养殖用水水质》（NY5051—2001）等标准，禁止将不符合水质标准的水源用于水产养殖。

（2）水产养殖单位和个人应当定期监测养殖用水水质。养殖用水水源受到污染时，应当立即停止使用；确需使用的，应当经过净化处理达到养殖用水水质标准。养殖水体水质不符合养殖用水水质标准时，应当立即采取措施进行处理。经处理后仍达不到要求的，应当停止养殖活动，并向当地渔业行政主管部门报告。

（3）养殖场或池塘的进排水系统应当分开。水产养殖废水排放应当达到国家规定的排放标准。

3. 对水产养殖生产过程的规定

（1）使用水域、滩涂从事水产养殖的单位和个人应当按有关规定申领养殖证，并按核准的区域、规模从事养殖生产。

（2）水产养殖生产应当符合国家有关养殖技术规范操作要求。水产养殖单位和个人应当配置与养殖水体和生产能力相适应的水处理设施和相应的水质、水生生物检测等基础性仪器设备。

（3）水产养殖使用的苗种应当符合国家或地方质量标准。

(4) 水产养殖专业技术人员应当逐步按照国家有关就业准入要求，经过职业技能培训并获得职业资格证书后，才能上岗。

(5) 水产养殖单位和个人应当填写《水产养殖生产记录》，记载养殖种类、苗种来源及生长情况、饲料来源及投喂情况、水质变化等内容。《水产养殖生产记录》应当保存至该批水产品全部销售后 2 年以上。

(6) 销售的养殖水产品应当符合国家或地方的有关标准。不符合标准的产品应当进行净化处理，净化处理后仍不符合标准的产品禁止销售。

(7) 水产养殖单位销售自养水产品应当附具《产品标签》，注明单位名称、地址，产品种类、规格，出池日期等。

4. 对养殖饲料和养殖用药的要求

(1) 使用渔用饲料应当符合《饲料和饲料添加剂管理条例》和农业部《无公害食品渔用饲料安全限量》(NY5072—2002)。鼓励使用配合饲料，限制直接投喂冰鲜（冻）饵料，防止残饵污染水质；禁止使用无产品质量标准、无质量检验合格证、无生产许可证和产品批准文号的饲料、饲料添加剂；禁止使用变质和过期饲料。

(2) 使用水产养殖用药应当符合《兽药管理条例》和农业部《无公害食品渔药使用准则》(NY5071—2002)。使用药物的养殖水产品在休药期内不能用于人类食品消费；禁止使用假、劣兽药及农业部规定禁止使用的药品、其他化合物和生物制剂；原料药不能直接用于水产养殖。

(3) 水产养殖单位和个人应当按照水产养殖用药使用说明书的要求或在水生生物病害防治员的指导下科学用药。

(4) 水生生物病害防治员应当按照有关就业准入的要求，经过职业技能培训并获得职业资格证书后，才能上岗。

(5) 水产养殖单位和个人应当填写《水产养殖用药记录》，记载病害发生情况，主要症状、用药名称、时间、用量等内容，《水产养殖用药记录》应当保存至该批水产品全部销售后 2 年以上。

（6）县级以上地方各级人民政府渔业行政主管部门负责本行政区域内养殖水产品药物残留的监控工作，水产养殖单位和个人应当接受县级以上人民政府渔业行政主管部门组织的养殖水产品药物残留抽样检测。

5. 对于鲜售和加工食用的水产品的有关规定

（1）黄鳝、甲鱼、乌龟、河蟹、青蟹、蟛蜞、小蟹、各种贝类均应鲜活销售，凡已死亡者均不能出售和加工。

（2）含有自然毒素的水产品，如：鲨鱼、鲅鱼、旗鱼必须去除肝脏；鳇鱼应除去肝、卵；河豚有剧毒，不能流入市场，应剔出集中妥善处理。

（3）凡青皮红肉的鱼类，如鲣鱼、参鱼、鲐鱼等易分解产生大量组胺，出售时必须注意鲜度质量；在不能及时鲜销或需外运供销时应立即加25%以上的盐腌制，以保证食用安全。

（4）使用食品添加剂应符合《食品添加剂使用卫生标准》（GB 2760）。

（5）严禁销售因化学物质中毒致死、病死、药物含量超标的水产品。

（6）凡虫蛀、赤变、脂肪氧化蔓及深层的水产品不能供食用。

（7）速冻鱼质量应符合各该品种一、二级鲜度标准，应在24小时内使鱼块中心温度降至－12℃以下。冷藏鱼品应加保冰衣，冷藏温度在－18℃以下。

（8）腌制鱼品的用盐应清洁无异味，泛盐不能使用。腌制过程中，应经常检查盐液性状，如发现有可疑变质情况时，酌情及时处理。出池咸鱼应用清洁盐液洗涤，及时包装销售。远销腌鱼应加10%包装用盐。

（9）加工淡干制品的原料应该符合该品鲜销水平，成品水分含量不超过17%。

（10）海蜇加工，应该以清水冲洗漂净，再经盐矾混合腌渍三次，盐液浓度不低于 10 波美度（温度 15℃时，大致相当于 10.15% 的盐度），成品应该沥干水分后才能包装运销。

(11) 加工熟制品的原料，其质量应该符合该品种鲜销水平，整个生产过程应符合熟食品卫生要求，防止生熟交叉污染。

(12) 经营熟制品的单位，应该采取以销定产、以销进货、快销勤取、及时售完的原则。对销售不完的熟制品应根据季节变化贮藏好。在无冷藏设备情况下，应根据各地情况限制零售时间，过时隔夜应回锅加热处理，如有变质，不能继续出售。

第八章　农村教育与社会保障政策

【相关政策】

1.《中华人民共和国劳动合同法》(2008 年 1 月 1 日起施行)

2.《关于在全国建立农村最低生活保障制度的通知》(国务院，2007 年 7 月 1 日)

3.《中华人民共和国义务教育法》(修订，2006 年 9 月 1 日起施行)

4.《深化农村义务教育经费保障机制改革的通知》(国务院，2005 年 12 月 24 日)

5.《关于进一步推进义务教育均衡发展的若干意见》(教育部，2005 年 5 月 25 日)

6.《关于农民工参加工伤保险有关问题的通知》(劳动和社会保障部，2004 年 6 月 1 日)

7.《中华人民共和国宪法》(2004 年 3 月 14 日修正)

8.《最低工资规定》(劳动和社会保障部，2004 年 3 月 1 日起施行)

9.《工伤保险条例》(2004 年 1 月 1 日起施行)

10.《关于进一步加强农村教育工作的决定》(国务院，2003 年 9 月 17 日)

11.《2003～2010 年全国农民工培训规划》(农业部、劳动保障部、教育部、科技部、建设部、财政部，2003 年 9 月 9 日)

12.《关于当前做好农村社会养老保险工作的通知》(劳动和社会保障部，2003 年 7 月 9 日)

13.《关于建立新型农村合作医疗制度的意见》(卫生部、财政部、农业部，2003 年 1 月 10 日)

14.《关于基础教育改革与发展的决定》(国务院，2001 年 5 月 29 日)

15.《关于进一步做好农村社会养老保险工作的意见》(民政部，1995 年 10 月 19 日)

16.《中华人民共和国教育法》(1995 年 9 月 1 日起施行)

第一节　教育培训保障政策

一、义务教育政策的主要内容及实施步骤

1. 义务教育

义务教育是面向全体公民的教育，不考虑受教育者的政治、经济、文化背景，为人们参与社会竞争提供了公平的起点。实行免费义务教育是一个国家经济发展和社会文明进步的标志。农村义务教育在全面建设小康社会、构建社会主义和谐社会中具有基础性、先导性和全局性的重要作用。但是，我国农村义务教育经费保障机制方面，仍然存在一些问题。为了强化政府对义务教育的保障责任，普及和巩固九年义务教育，2005 年，《国务院关于深化农村义务教育经费保障机制改革的通知》出台，逐步将农村义务教育全面纳入公共财政保障范围，建立中央和地方分项目、按比例分担的农村义务教育经费保障机制。

2. 农村义务教育经费保障政策的主要内容

农村义务教育经费保障机制改革的主要内容：全部免除农村义务教育阶段学生学杂费，对贫困家庭学生免费提供教科书并补助寄宿生生活费。免学杂费资金由中央和地方按比例分担，西部地区为8∶2，中部地区为6∶4；东部地区除直辖市外，按照财力状况分省确定。免费提供教科书资金，中西部地区由中央全额承担，东部地区由地方自行承担。补助寄宿生生活费资金由地方承担，补助对象、标准及方式由地方人民政府确定；提高农村义务教育阶段中小学公用经费保障水平。在免除学杂费的同时，先落实各省（区、市）制订的本省（区、市）农村中小学预算内生均公用经费拨款标准，所需资金由中央和地方按照免学杂费资金的分担比例共同承担。在此基础上，为促进农村义务教育均衡发展，由中央适时制定全国农村义务教

育阶段中小学公用经费基准定额，所需资金仍由中央和地方按上述比例共同承担。中央适时对基准定额进行调整；建立农村义务教育阶段中小学校舍维修改造长效机制。对中西部地区，中央根据农村义务教育阶段中小学在校生人数和校舍生均面积、使用年限、单位造价等因素，分省（区、市）测定每年校舍维修改造所需资金，由中央和地方按照5∶5比例共同承担。对东部地区，农村义务教育阶段中小学校舍维修改造所需资金主要由地方自行承担，中央根据其财力状况以及校舍维修改造成效等情况，给予适当奖励；巩固和完善农村中小学教师工资保障机制。中央继续按照现行体制，对中西部及东部部分地区农村中小学教师工资经费给予支持。省级人民政府要加大对本行政区域内财力薄弱地区的转移支付力度，确保农村中小学教师工资按照国家标准按时足额发放。

3. 农村义务教育经费保障机制改革的实施步骤

农村义务教育经费保障机制改革的实施步骤：农村义务教育经费保障机制改革，从2006年农村中小学春季学期开学起，分年度、分地区逐步实施。（1）2006年，西部地区农村义务教育阶段中小学生全部免除学杂费；中央财政同时对西部地区农村义务教育阶段中小学安排公用经费补助资金，提高公用经费保障水平；启动全国农村义务教育阶段中小学校校舍维修改造资金保障新机制；（2）2007年，中部地区和东部地区农村义务教育阶段中小学生全部免除学杂费；中央财政同时对中部地区和东部部分地区农村义务教育阶段中小学安排公用经费补助资金，提高公用经费保障水平；（3）2008年，各地农村义务教育阶段中小学生均公用经费全部达到该省（区、市）2005年秋季学期开学前颁布的生均公用经费基本标准；中央财政安排资金扩大免费教科书覆盖范围；（4）2009年，中央出台农村义务教育阶段中小学公用经费基准定额。各省（区、市）制定的生均公用经费基本标准低于基准定额的差额部分，当年安排50%，所需资金由中央财政和地方财政按照免学杂费的分担比例共同承担；（5）2010 年，农村义务教育阶段中小学公用经费基准定额全部落实到位。

图 8－1　农村教育两免一补使更多的孩子走进学校（中广网）

二、非义务教育政策

1996 年，经国务院批准，原国家教委、国家计委、财政部下发的普通高级中学和高等学校收费管理暂行办法和近年来教育部会同有关部门下发的有关学校收费工作通知的有关规定，非义务教育的政策如下：普通高中学生应交纳学费，在学校住宿的学生应交纳住宿费，择校的学生应交纳择校费。高等学校的学生应交纳学费和住宿费。非义务教育阶段的普通高中和高等教育招生实行学生自愿报名、统一考试、择优录取的原则。非义务教育公办高中招收的择校生，应按照省级人民政府规定的标准交纳一定的费用，但任何学校都不能超出规定的标准，向学生乱收费、高收费。

按照十七届三中全会《关于推进农村改革发展若干重大问题的决定》的要求，大力发展农村的中等职业教育并且逐步实行免费。2009 年中央一号文件中明确提出首先中等职业教育从涉农专业以及农村家庭困难的孩子做起，有关部门正在做预算和计划。

三、农民工培训政策的目标及措施

党的十六大提出了全面建设小康社会的奋斗目标，这对加快农村富余劳动力向非农产业和城镇转移提出了新的更高的要求。加快农村富余劳动力转移就业的关键在于加强农民工培训。为贯彻落实党的十六大精神和“三个代表”重要思想，提高农民工素质和就业能力，进一步促进农村劳动力向非农产业和城镇转移，按照党中央、国务院有关会议和文件要求，农业部、劳动保障部、教育部、科技部、建设部、财政部制定了《2003～2010年全国农民工培训规划》。

1. 农民工培训的目标

（1）2003～2005年，对拟转移的1 000万农村劳动力开展引导性培训，对其中500万人开展职业技能培训；对已进入非农产业就业的5 000万农民工进行岗位培训；2006～2010年，对拟转移的5 000万农村劳动力开展引导性培训，对其中3 000万人开展职业技能培训；对已就业的2亿农民工开展岗位培训。（2）制定激励政策，鼓励农民工主动参加培训，鼓励用人单位主动组织培训，鼓励各级各类教育培训机构开展农民工培训。（3）加大培训投入，逐步形成政府引导、多元投资机制。（4）完善就业准入制度，加强监督检查，逐步形成“先培训后就业”的农村劳动力转移就业制度。（5）完善教育培训条件，提高教育培训资源利用效率。（6）创新培训机制，以劳动力市场需求为导向，以项目运作的方式开展培训，努力提高培训质量和培训后的就业率。（7）加大宣传和引导力度，营造重视农民工培训的良好社会环境。

2. 农民工培训的政策措施

（1）加强组织领导。建立农民工培训工作部际联席会议制度，研究重大问题，编制培训计划，落实扶持政策，统筹协调农民工培训工作；各级政府将农民工培训列入年度工作考核内容，实行目标管理，制定实施计划，确定各阶段的目标、任务和工作进度，明确各有关部门工作职责，细化政策措施；建立统筹协调的领导体制和分工负责、相互协作的工作推进机制，通过制定政策和制度创新，充分调动一切可以利用的资源，广泛开展农民工培训。（2）加大农民工培训资金投入。农民工培训经费由政府、用人单位和农民工个人共同分担；中央和地方各级财政安排专项经费扶持农民工培训；农民工培训经费专款专用；提高经费使用效益。（3）制定农民工培训激励政策。用人单位有责任培训本单位所用农民工，培训农民工所需经费从职工培训经费中列支；符合条件的教育培训机构均可申请使用农民工培训扶持资金；使用农民工培训扶持资金的教育培训机构须相应降低培训收费标准；对参加培训的农民工实行补贴或奖励；对参加职业技能鉴定的农民工适当减少鉴定收费。（4）推行劳动预备制度，实行就业准入制度。组织农村未升学的初高中毕业生参加培训；用人单位招收农民工，属于国家规定实行就业准入控制的职业（工种），应从取得相应职业资格证书的人员中录用，也可先招收后培训，取得相应职业资格后再上岗。（5）整合教育培训资源，提高培训效率。充分发挥现有教育培训资源作用，改造和完善一批教育培训机构，建设一批能起示范和带动作用的农村劳动力转移培训基地；引导和鼓励各类教育培训机构在自愿的基础上进行联合，增加培训项目，扩大培训规模，提高培训质量；引导和鼓励教育培训机构与劳务输出（派遣）机构合作；充实农村普通中学职业培训和就业训练的课程安排；职业学校要扩大面向农村的招生和培训规模，积极开展农民工的职业技能培训。（6）加强农民工培训服务工作。组织开展师资培训；加强教材开发、信息服务、效果评价，并做好跟踪服务和就业指导；加强农民工培训工作的督促检查。

3. 国家在促进农民工就业方面有何新举措

由于外需的减少，有相当一部分农民工失去了就业岗位。据测算，全国大约有2000万名农民工因经济不景气失去工作返乡。

对此，2009年中央一号文件指出，引导企业履行社会责任，支持企业多留用农民工，督促企业及时足额发放工资，妥善解决劳资纠纷。对生产经营遇到暂时困难的企业，引导其采取灵活用工、弹性工时、在岗培训等多种措施稳定就业岗位。城乡基础设施建设和新增公益性就业岗位，要尽量多使用农民工。采取以工代赈等方式引导农民参与农业农村基础设施建设。输出地、输入地政府和企业都要加大投入，大规模开展针对性、实用性强的农民工技能培训。有条件的地方可将失去工作的农民工纳入相关就业政策支持范围。落实农民工返乡创业扶持政策，在贷款发放、税费减免、工商登记、信息咨询等方面提供支持。保障返乡农民工的合法土地承包权益，对生活无着的返乡农民工要提供临时救助或纳入农村低保。同时，充分挖掘农业内部就业潜力，拓展农村非农就业空间，鼓励农民就近就地创业。

第二节　医疗卫生保障政策

一、新型农村合作医疗政策及其内容

1. 新型农村合作医疗政策现状

自20世纪80年代中期以来，一些地方开始逐步恢复并重建合作医疗，进入90年代，中央政府多次发文件要求“完善和发展合作医疗卫生制度”，并多方合作进行了调研和试点，但收效甚微。2002年底2003年初，中央对农村健康保障问题做出了重大政策调整，决定建立新型农村合作医疗制度。

到2008年为止，我国已有8亿多农民参加了新型农村合作医疗制度。按照中央的要求，2009年各地农民加入这一制度缴纳的费用应该每人达到100元，其中20元由农民自己承担，40元由中央政府承担，其他40元由地方政府承担。截止到2008年，一些经济发达的地区已经达到这个指标，2009年全部都能实现，并且鼓励有条件的地方通过财政进一步加大补贴，来提高这个标准。

2. 新型农村合作医疗制度的内容

新型农村合作医疗制度是由政府组织、引导、支持，农民自愿参加，个人、集体和政府多方筹资，以大病统筹为主的农民医疗互助共济制度，它是结合国情，将要在农村长期实行的具有中国特色的一种社会保险性质的医疗保障制度。

内容包括：新型农村合作医疗制度解决农村居民“看病难”的问题，为农民生命健康权提供了组织、制度和资金保障。从国务院新型合作医疗的部际联席会议，省、地（市）的合作医疗协调领导小组，县级合作医疗管理委员会，到各级专家技术指导组，为新型合作医疗制度的施行提供了相对完备的组织保障。同时，新型农村合作医疗制度的组织领导、试点推广，农村医疗救助资金管理、拨付办法等都有明确具体的规定。中央和地方财政对中西部地区农民每年人均补助不少于20元，农民个人每年的缴费不低于10元；定点医疗机构实行医疗费用垫付制度，为新型合作医疗提供了有力的保障；新型农村合作医疗采用风险型（仅保大病住院）、风险福利型（保大病+乡村基层门诊）、保两头放中间型（保大病+预防保健，保大病+健康体检）等各种保障模式，对农民的大额医药费用或住院医药费用进行补助，既增加了农民对基本医疗的可及性，又拓宽了参保人的受益面，“以收定支、量入为出”，科学合理地确定起付标准、补助比例和最高补助限额，有效提升了基金的抗风险能力和监管能力。

新型农村合作医疗制度规范管理，定期公布经费账目，建立家庭账户，简化报销手续，实行资金钱账分离、封闭运行，并设立风险基金防范资金透支或沉淀。与村民自治相结合，农民代表参与方案设计，接受行政部门财政、审计等内部监督，人大、政协等的独立评估，建立了相对完善的监督体系；新型农村合作医疗制度的医疗服务与医疗救助和扶贫开发相结合，解决了参合农民的医疗服务需求问题，各收入层级农民从中直接受惠；新型合作医疗独立于城镇医疗保险和社会救助制度。

二、医疗保险的形式

农村医疗保险主要包括合作医疗、医疗保险、统筹解决住院费及预防保健合同政策，其中合作医疗是最基本的形式，包括以下几种形式：农村合作医疗制度。由政府组织、引导、支持，农民自愿参加，个人、集体和政府多方筹资，以大病统筹为主的农民医疗互助共济制度，它是结合国情，将要在农村长期实行的具有中国特色的一种社会保险性质的医疗保障制度；医疗保险。它具有社会保险和商业保险的双重性质，其中前者作为基本医疗保障，后者作为一种补充。目前提供的险种有企业医疗保险、家庭医疗保险、门诊医疗保险。国家对农民医疗保险、农民住院保险、疾病医疗统筹住院保险、居民附加住院保险等险种免征营业税；统筹解决医疗费用是有效的补充形式，农民每人每年缴纳1元钱，乡镇财政和村公益金分别补充1元钱，社会统筹与家庭账户相结合。但这种自我储蓄的方式的受益者必须是缴纳者，农民个人不缴纳，集体也不给予相应的补贴；农民缴得越多，集体补得也就越多。

三、工伤保险政策措施

1. 工伤保险

工伤保险是指国家和社会为在生产、工作中遭受事故伤害和患职业性疾病的劳动及亲属提供医疗救治、生活保障、经济补偿、医疗和职业康复等物质帮助的一种社会保障制度，是社会保险制度中的重要组成部分。

《中华人民共和国劳动法》第73条规定："劳动者在下列情况下，依法享受社会保险待遇：…（三）因工伤残或者患职业病"。这一基本法以国家法律的形式保障了工伤者及其亲属享受工伤保险待遇。劳动部于1996年颁布了《企业职工工伤保险试行办法》，第一次将工伤保险作为单独的保险制度统一组织实施，对沿用了40多年的企业自我保障的工伤福利制度进行了改革。同时，劳动部组织制定并由原国家技术监督局颁布了《职工工伤与职业病致残程度鉴定》的国家标准。2003 年 4 月 27 日，国务院讨论通过《工伤保险条例》，自 2004 年 1 月 1 日起施行。《工伤保险条例》首次把农民工列入了条例保障范围之内，备受关注的农民工工伤保险待遇问题终于得到解决。

2. 农民工工伤保险

《工伤保险条例》第 2 条规定："中华人民共和国境内的各类企业、有雇工的个体工商户（以下简称用人单位）应当依照本条例参加工伤保险，为本单位全部职工或者雇工（以下称职工）缴纳工伤保险费。""中华人民共和国境内的各类企业的职工和个体工商户的雇工，均有依照本条例的规定享受工伤保险待遇的权利。"《条例》把"职工"的概念扩大，"职工"不再是国家正式工的专称，非正式工与正式职工在工伤保险问题上待遇一样。而且，不管企业是否给上保险，如果是在工作中出现的伤害，同样享受工伤保险。

为切实推进农民工的参保工作，2004 年 6 月，劳动保障部发出了《关于农民工参加工伤保险有关问题的通知》，对农民工参加工伤保险提出了切实有效的政策措施：（1）优先解决农民工工伤保险问题，对用人单位为农民工先行办理工伤保险的，各地经办机构应予办理；（2）用人单位注册地与生产经营地不在同一统筹地区的，可在生产经营地为农民工参保；（3）农民工受到事故伤害或患职业病后，在参保地进行工伤认定、劳动能力鉴定，并按照参保地的规定依法享受工伤保险待遇；（4）用人单位在注册地和生产经营地均未参加工伤保险的，农民工受到事故伤害或者患职业病后，在生产经营地进行工伤认定、劳动能力鉴定，并按照生产经营地的规定依法由用人单位支付工伤保险待遇；（5）对跨地区流动就业的农民工，工伤后的长期待遇可试行一次性支付和长期支付两种方式，供农民工选择，实现农民工工伤保险待遇领取便捷化，进一步方便农民工领取和享受工伤待遇。

为进一步做好农民工工伤保险工作，2006 年 5 月，按照国务院5号文件要求，劳动保障部制定并组织实施了以推进矿山、建筑等高风险企业农民工参加工伤保险为主要内容的“平安计划”，提出了三年内实现高风险企业农民工全部参加工伤保险的工作目标。

3. 工伤认定

《工伤保险条例》第14条规定，职工有下列情形之一的，应当认定为工伤：

（1）工作时间和工作场所内，因工作原因受到事故伤害的；

（2）工作时间前后在工作场所内，从事与工作有关的预备性或者收尾性工作受到事故伤害的；

（3）在工作时间和工作场所内，因履行工作职责受到暴力等意外伤害的；

（4）患职业病的；

（5）因工外出期间，由于工作原因受到伤害或者发生事故下落不明的；

（6）法律、行政法规规定应当认定为工伤的其他情形。

4. 可以视同工伤的情况

《工伤保险条例》第15条规定，职工有下列情形之一的，视同工伤：

（1）在工作时间和工作岗位，突发疾病死亡或者在48小时之内经抢救无效死亡的；

（2）在抢险救灾等维护国家利益、公共利益活动中受到伤害的；

（3）职工原在军队服役，因战、因公负伤致残，已取得革命伤残军人证，到用人单位后旧伤复发的。

职工有前款第（1）项、第（2）项情形的，按照本条例的有关规定享受工伤保险待遇；职工有前款第（3）项情形的，按照本条例的有关规定享受除一次性伤残补助金以外的工伤保险待遇。

5. 不得认定为工伤或者视同工伤的情况

《工伤保险条例》第十六条规定，职工有下列情形之一的，不得认定为工伤或者视同工伤：

（1）因犯罪或者违反治安管理伤亡的；

（2）醉酒导致伤亡的；

（3）自残或者自杀的。

6. 职业病的鉴定

《工伤保险条例》第 17 条规定：

职工发生事故伤害或者按照职业病防治法规定被诊断、鉴定为职业病，所在单位应当自事故伤害发生之日或者被诊断、鉴定为职业病之日起 30 日内，向统筹地区劳动保障行政部门提出工伤认定申请。遇有特殊情况，经报劳动保障行政部门同意，申请时限可以适当延长。

用人单位未按前款规定提出工伤认定申请的，工伤职工或者其直系亲属、工会组织在事故伤害发生之日或者被诊断、鉴定为职业病之日起 1 年内，可以直接向用人单位所在地统筹地区劳动保障行政部门提出工伤认定申请。

按照本条第一款规定应当由省级劳动保障行政部门进行工伤认定的事项，根据属地原则由用人单位所在地的设区的市级劳动保障行政部门办理。

用人单位未在本条第一款规定的时限内提交工伤认定申请，在此期间发生符合本条例规定的工伤待遇等有关费用由该用人单位负担。

7. 工伤认定申请需要提交的材料

提出工伤认定申请应当提交下列材料：

（一）工伤认定申请表；

（二）与用人单位存在劳动关系（包括事实劳动关系）的证明材料；

（三）医疗诊断证明或者职业病诊断证明书（或者职业病诊断鉴定书）。

工伤认定申请表应当包括事故发生的时间、地点、原因以及职工伤害程度等基本情况。

工伤认定申请人提供材料不完整的，劳动保障行政部门应当一次性书面告知工伤认定申请人需要补正的全部材料。申请人按照书面告知要求补正材料后，劳动保障行政部门应当受理。

8. 工伤认定受理部门及时限

工伤认定由劳动保障行政部门受理。

劳动保障行政部门受理工伤认定申请后，根据审核需要可以对事故伤害进行调查核实，用人单位、职工、工会组织、医疗机构以及有关部门应当予以协助。职业病诊断和诊断争议的鉴定，依照职业病防治法的有关规定执行。对依法取得职业病诊断证明书或者职业病诊断鉴定书的，劳动保障行政部门不再进行调查核实。

职工或者其直系亲属认为是工伤，用人单位不认为是工伤的，由用人单位承担举证责任。

劳动保障行政部门应当自受理工伤认定申请之日起60日内作出工伤认定的决定，并书面通知申请工伤认定的职工或者其直系亲属和该职工所在单位。

劳动保障行政部门工作人员与工伤认定申请人有利害关系的，应当回避。

9. 劳动能力鉴定

职工发生工伤，经治疗伤情相对稳定后存在残疾、影响劳动能力的，应当进行劳动能力鉴定。

劳动能力鉴定是指劳动功能障碍程度和生活自理障碍程度的等级鉴定。

劳动功能障碍分为十个伤残等级，最重的为一级，最轻的为十级。

生活自理障碍分为三个等级：生活完全不能自理、生活大部分不能自理和生活部分不能自理。

劳动能力鉴定由用人单位、工伤职工或者其直系亲属向设区的市级劳动能力鉴定委员会提出申请，并提供工伤认定决定和职工工伤医疗的有关资料。

设区的市级劳动能力鉴定委员会应当自收到劳动能力鉴定申请之日起60日内作出劳动能力鉴定结论，必要时，作出劳动能力鉴定结论的期限可以延长30日。劳动能力鉴定结论应当及时送达申请鉴定的单位和个人。

申请鉴定的单位或者个人对设区的市级劳动能力鉴定委员会作出的鉴定结论不服的，可以在收到该鉴定结论之日起15日内向省、自治区、直辖市劳动能力鉴定委员会提出再次鉴定申请。省、自治区、直辖市劳动能力鉴定委员会作出的劳动能力鉴定结论为最终结论。

劳动能力鉴定工作应当客观、公正。劳动能力鉴定委员会组成人员或者参加鉴定的专家与当事人有利害关系的，应当回避。

自劳动能力鉴定结论作出之日起1年后，工伤职工或者其直系亲属、所在单位或者经办机构认为伤残情况发生变化的，可以申请劳动能力复查鉴定。

第三节　生活养老保障政策

一、农村养老政策的模式

农民的养老保障内容包括经济供养、生活照料和精神慰藉，也可以归结为经济保障和服务保障两个方面。经济保障主要表现为对农民的养老提供经济上的支持，这是保障内容的主干。但老年人的生活照料和精神慰藉也不可少，特别是随着经济供养水平的提高，农民精神需求变得更为迫切，因而服务保障必不可少。目前，我国农民的基本养老模式包括：

（1）政府养老保障——最低生活保障

这不是权利和义务对等的养老保障，而是基于公民宪法权利的保障，是政府不可推卸的责任。

（2）政府补贴的社会养老保险

这是权利和义务相结合的养老保障，即缴费义务在先，保障权利在后。农民养老保险是针对全体农民的保障，即通过补贴养老保险账号，在适龄农民中发展养老保险事业，使农民不断进行养老资金的积累，同时保障保险基金的保值增值。在社会养老保险中，政府并不是唯一的责任主体，还应该包括集体和农民个人，即这种保险应该由政府、集体、个人三方共担经济责任。

1995 年 10 月，《国务院办公厅转发民政部关于进一步做好农村社会养老保险工作的意见的通知》明确规定了开展农村社会养老保险的基本条件。为此，民政部先后下发了《加强农村社会养老保险基金风险管理的通知》和《县级农村社会养老保险管理规程（试行）》等一系列文件。至此，全国有 2 100 多个县不同程度地开展了农村社会养老保险工作。参保人数达 8 000 多万人。

1999 年，《国务院批转整顿保险工作小组〈保险业整顿与改革方案〉的通知》，要求各地清理整顿，暂时停止经办新业务，有条件的地区可以逐步过渡到商业保险。

2002 年 11 月，党的“十六大”报告提出“在有条件的地方探索建立农村社会养老保险”，以此为标志，农村社会养老保险工作进入一个新的阶段。

图 8－2　自贡市大安区 2008 年启动新型农村社会养老保险，参保农民到法定退休年龄就可以每月按比例领取养老金了（四川新闻网）

我国农村社会养老保险当前实施的重点为：一是重点地区，即东部沿海地区、沿江沿边开放地区、城乡结合部、中西部经济条件和工作基础较好的地区；二是重点群体，即乡镇企业职工、个体工商户、乡镇招聘干部和村干部及其他有稳定收入的从业人员。

据报道，新型农村养老保险制度2009年将开始试点，据预测，最低发放标准不会低于1800元/年的低保水平，而且随着财政收入的增长还会不断提高。

关于农村社会养老保险制度，2009年中央一号文件提出："抓紧制定指导性意见，建立个人缴费、集体补助、政府补贴的新型农村社会养老保险制度。"目前有关部门正在起草实施方案。

(3) 补充养老保险

在农村，主要是针对有条件的集体、企业而言的，是由集体、企业自身举办的对农民的一种养老保险，这种保险是自愿性的。在这个层次上，政府的作用在于鼓励、引导，而不是干预集体或企业提供补充养老保险。

(4) 自我养老保障

自我养老保障包括两个方面：一是通过参加养老储蓄或商业养老保险，为养老提供资金准备；二是通过自我服务的积累，为未来的生活照顾与精神慰藉做准备。

(5) 家庭养老保障

传统的家庭养老模式虽然面临许多问题，但不可能消失，它将依然是一种重要的农民养老方式。

二、最低生活保障制度

1. 农村最低生活保障制度的目标

建立农村最低生活保障制度的目标是：通过在全国范围建立农村最低生活保障制度，将符合条件的农村贫困人口全部纳入保障范围，稳定、持久、有效地解决全国农村贫困人口的温饱问题。

2. 农村最低生活保障制度的总体要求

建立农村最低生活保障制度，实行地方人民政府负责制，按属地进行管理。各地要从当地农村经济社会发展水平和财力状况的实际出发，合理确定保障标准和对象范围。同时，要做到制度完善、程序明确、操作规范、方法简便，保证公开、公平、公正。要实行动态管理，做到保障对象有进有出，补助水平有升有降。要与扶贫开发、促进就业以及其他农村社会保障政策、生活性补助措施相衔接，坚持政府救济与家庭赡养扶养、社会互助、个人自立相结合，鼓励和支持有劳动能力的贫困人口生产自救，脱贫致富。

3. 农村最低生活保障标准和对象范围

农村最低生活保障标准由县级以上地方人民政府按照能够维持当地农村居民全年基本生活所必需的吃饭、穿衣、用水、用电等费用确定，并报上一级地方人民政府备案后公布执行。农村最低生活保障标准要随着当地生活必需品价格变化和人民生活水平提高适时进行调整。

农村最低生活保障对象是家庭年人均纯收入低于当地最低生活保障标准的农村居民，主要是因病残、年老体弱、丧失劳动能力以及生存条件恶劣等原因造成生活常年困难的农村居民。

4. 农村最低生活保障资金

农村最低生活保障资金的筹集以地方为主，地方各级人民政府要将农村最低生活保障资金列入财政预算，省级人民政府要加大投入。地方各级人民政府民政部门要根据保障对象人数等提出资金需求，经同级财政部门审核后列入预算。中央财政对财政困难地区给予适当补助。地方各级人民政府及其相关部门要统筹考虑农村各项社会救助制度，合理安排农村最低生活保障资金，提高资金使用效益。同时，鼓励和引导社会力量为农村最低生活保障提供捐赠和资助。农村最低生活保障资金实行专项管理、专账核算、专款专用，严禁挤占挪用。

三、最低工资标准

最低工资保障制度是我国的一项劳动和社会保障制度。截止目前，除西藏外，我国内地其余30省、自治区、直辖市人民政府均正式颁布实施了当地的最低工资标准。它涉及到农民工的切身利益，有必要了解一下。

1. 最低工资标准的含义

最低工资标准，是指劳动者在法定工作时间或依法签订的劳动合同约定的工作时间内正常劳动的前提下，用人单位依法应支付的最低劳动报酬。所谓正常劳动，是指劳动者按依法签订的劳动合同约定在法定工作时间或劳动合同约定的工作时间内从事的劳动。劳动者依法享受带薪年休假、探亲假、婚丧假、生育（产）假、节育手术假等国家规定的假期间，以及法定工作时间内依法参加社会活动期间，视为提供了正常劳动。在劳动者提供正常劳动的情况下，用人单位应支付给劳动者的工资在剔除下列各项后，不得低于当地最低工资标准：延长工作时间工资；中班、夜班、高温、低温、井下、有毒有害等特殊工作环境、条件下的津贴；法律、法规和国家规定的劳动者福利待遇等。实行计件工资或提成工资等工资形式的用人单位，在科学合理的劳动定额基础上，其支付劳动者的工资不得低于相应的最低工资标准。

2. 适用对象

最低工资标准适用于在中华人民共和国境内的企业、民办非企业单位、有雇工的个体工商户（以下统称用人单位）和与之形成劳动关系的劳动者。国家机关、事业单位、社会团体和与之建立劳动合同关系的劳动者，依照本规定执行。

3. 计算方式与计算方法

最低工资标准一般采取月最低工资标准和小时最低工资标准的形式。月最低工资标准适用于全日制就业劳动者，小时最低工资标准适用于非全日制就业劳动者。确定和调整月最低工资标准，应参考当地就业者及其赡养人口的最低生活费用、城镇居民消费价格指数、职工个人缴纳的社会保险费和住房公积金、职工平均工资、经济发展水平、就业状况等因素。确定和调整小时最低工资标准，应在颁布的月最低工资标准的基础上，考虑单位应缴纳的基本养老保险费和基本医疗保险费因素，同时还应适当考虑非全日制劳动者在工作稳定性、劳动条件和劳动强度、福利等方面与全日制就业人员之间的差异。

月最低工资标准和小时最低工资标准具体测算方法：

（1）比重法，即根据城镇居民家计调查资料，确定一定比例的最低人均收入户为贫困户，统计出贫困户的人均生活费用支出水平，乘以每一就业者的赡养系数，再加上一个调整数。

（2）恩格尔系数法，即根据国家营养学会提供的年度标准食物普及标准食物摄取量，结合标准食物的市场价格，计算出最低食物支出标准，除以恩格尔系数，得出最低生活费用标准，再乘以每一就业者的赡养系数，再加上一个调整数。

以上方法计算出月最低工资标准后，再考虑职工个人缴纳社会保险费、住房公积金、职工平均工资水平、社会救济金和失业保险金标准、就业状况、经济发展水平等进行必要的修正。

4. 监督检查和纠纷解决

县级以上地方人民政府劳动保障行政部门负责对本行政区域内用人单位执行本规定情况进行监督检查。各级工会组织依法对本规定执行情况进行监督，发现用人单位支付劳动者工资违反本规定的，有权要求当地劳动保障行政部门处理。用人单位违反本规定第十一条规定的，由劳动保障行政部门责令其限期改正；违反本规定第十二条规定的，由劳动保障行政部门责令其限期补发所欠劳动者工资，并可责令其按所欠工资的1～5倍支付劳动者赔偿金。劳动者与用人单位之间就执行最低工资标准发生争议，按劳动争议处理有关规定处理。

第四节 劳动合同与劳务派遣政策

一、劳动合同

1. 劳动合同的订立

《中华人民共和国劳动合同法》规定，用人单位自用工之日起即与劳动者建立劳动关系。建立劳动关系，应当订立书面劳动合同。已建立劳动关系，未同时订立书面劳动合同的，应当自用工之日起一个月内订立书面劳动合同。用人单位与劳动者在用工前订立劳动合同的，劳动关系自用工之日起建立。

用人单位招用劳动者时，应当如实告知劳动者工作内容、工作条件、工作地点、职业危害、安全生产状况、劳动报酬，以及劳动者要求了解的其他情况；用人单位有权了解劳动者与劳动合同直接相关的基本情况，劳动者应当如实说明。

用人单位招用劳动者，不得扣押劳动者的居民身份证和其他证件，不得要求劳动者提供担保或者以其他名义向劳动者收取财物。

用人单位未在用工的同时订立书面劳动合同，与劳动者约定的劳动报酬不明确的，新招用的劳动者的劳动报酬按照集体合同规定的标准执行；没有集体合同或者集体合同未规定的，实行同工同酬。

2. 劳动合同的种类

劳动合同分为固定期限劳动合同、无固定期限劳动合同和以完成一定工作任务为期限的劳动合同。

(1) 固定期限劳动合同，是指用人单位与劳动者约定合同终止时间的劳动合同。

(2) 无固定期限劳动合同，是指用人单位与劳动者约定无确定终止时间的劳动合同。

有下列情形之一，劳动者提出或者同意续订、订立劳动合同的，除劳动者提出订立固定期限劳动合同外，应当订立无固定期限劳动合同：1）劳动者在该用人单位连续工作满十年的；2）用人单位初次实行劳动合同制度或者国有企业改制重新订立劳动合同时，劳动者在该用人单位连续工作满十年且距法定退休年龄不足十年的；3）连续订立二次固定期限劳动合同，且劳动者没有本法第三十九条和第四十条第一项、第二项规定的情形，续订劳动合同的。

用人单位自用工之日起满一年不与劳动者订立书面劳动合同的，视为用人单位与劳动者已订立无固定期限劳动合同。

（3）以完成一定工作任务为期限的劳动合同，是指用人单位与劳动者约定以某项工作的完成为合同期限的劳动合同。

劳动合同由用人单位与劳动者协商一致，并经用人单位与劳动者在劳动合同文本上签字或者盖章生效。劳动合同文本由用人单位和劳动者各执一份。

3. 劳动合同的内容

劳动合同应当具备以下条款：

（1）用人单位的名称、住所和法定代表人或者主要负责人；

（2）劳动者的姓名、住址和居民身份证或者其他有效身份证件号码；

（3）劳动合同期限；

（4）工作内容和工作地点；

（5）工作时间和休息休假；

（6）劳动报酬；

（7）社会保险；

（8）劳动保护、劳动条件和职业危害防护；

（9）法律、法规规定应当纳入劳动合同的其他事项。

劳动合同除前款规定的必备条款外，用人单位与劳动者可以约定试用期、培训、保守秘密、补充保险和福利待遇等其他事项。

二、劳务派遣

1．劳务派遣合同

劳务派遣单位应当履行用人单位对劳动者的义务。劳务派遣单位与被派遣劳动者订立的劳动合同，除应当载明劳动合同应当具备的事项外，还应当载明被派遣劳动者的用工单位以及派遣期限、工作岗位等情况。

劳务派遣单位应当与被派遣劳动者订立二年以上的固定期限劳动合同，按月支付劳动报酬；被派遣劳动者在无工作期间，劳务派遣单位应当按照所在地人民政府规定的最低工资标准，向其按月支付报酬。

2．劳务派遣协议

劳务派遣单位派遣劳动者应当与接受以劳务派遣形式用工的单位（以下称用工单位）订立劳务派遣协议。劳务派遣协议应当约定派遣岗位和人员数量、派遣期限、劳动报酬和社会保险费的数额与支付方式以及违反协议的责任。

用工单位应当根据工作岗位的实际需要与劳务派遣单位确定派遣期限，不得将连续用工期限分割订立数个短期劳务派遣协议。

劳务派遣单位应当将劳务派遣协议的内容告知被派遣劳动者。

劳务派遣单位不得克扣用工单位按照劳务派遣协议支付给被派遣劳动者的劳动报酬。

劳务派遣单位和用工单位不得向被派遣劳动者收取费用。

劳务派遣单位跨地区派遣劳动者的，被派遣劳动者享有的劳动报酬和劳动条件，按照用工单位所在地的标准执行。

3．劳务派遣用工单位的义务

用工单位应当履行下列义务：

（1）执行国家劳动标准，提供相应的劳动条件和劳动保护；

（2）告知被派遣劳动者的工作要求和劳动报酬；

（3）支付加班费、绩效奖金，提供与工作岗位相关的福利待遇；

（4）对在岗被派遣劳动者进行工作岗位所必需的培训；

（5）连续用工的，实行正常的工资调整机制。

用工单位不得将被派遣劳动者再派遣到其他用人单位。

被派遣劳动者享有与用工单位的劳动者同工同酬的权利。用工单位无同类岗位劳动者的，参照用工单位所在地相同或者相近岗位劳动者的劳动报酬确定。

第九章　农村民主管理政策

【相关政策】

1.《中共中央办公厅、国务院办公厅关于健全和完善村务公开和民主管理制度的意见》(2004年6月22日)

2.《中华人民共和国宪法》(2004年版)

3.《中华人民共和国村民委员会组织法》(1998年11月4日起施行)

4.《中共中央办公厅、国务院办公厅关于在农村普遍实行村务公开和民主管理制度的通知》(1998年4月18日)

图9-1　被总结为“八郑规程”的乡村治理模式，是嵊州市对农村民主管理新模式的探索，通过健全“八项制度”、规范执行“八大流程”，八郑村建立了制度化、程序化的村民自治运作模式和民主监督保障机制。(嵊州新闻网)

第一节　农村自治组织建设政策

社会主义新农村，是在社会主义条件或社会主义制度下，反映一定时期农村社会以经济发展为基础，以社会全面进步为标志的社会状态。民主管理，主要是指在农村党组织领导下，健全和完善民主选举、民主决策、民主管理、民主监督等村民自治制度，不断增强农民群众的自我教育、自我管理能力，使广大农民群众真正拥有知情权、参与权、选择权、监督权，真正让农民当家做主，增强农民群众的主人翁意识，不断推进农村民主政治建设。村民自治不仅是社会主义新农村建设的核心内容，也是社会主义新农村建设的政治保证。

一、什么是村民自治

村民自治，简而言之就是广大农民群众直接行使民主权利，依法办理自己的事情，创造自己的幸福生活，实行自我管理、自我教育、自我服务的一项基本社会政治制度。它发端于 20 世纪 80 年代初期，发展于 80 年代，普遍推行于 90 年代，成为具有中国特色社会主义的农村基层民主制度和农村治理的一种有效方式。村民自治的主体是全体村民，而不是局限于某一阶层或某一行业的成员；自治的区域是村，即与农村居民生活十分紧密的社区；自治的内容为本村的公共事务和公益事业，即村务；自治的目的是使广大农村居民在本村范围内实现自我管理、自我教育，自我服务，处理好与村民利益紧密相关的公务事务，保证国家对农村基层社会的有效治理。

（1）实行村民自治必须遵循的重大原则

实行村民自治必须遵循的两个重大原则：一是必须坚持党的领导；二是必须坚持依法办事。实行村民自治必须坚持党的领导，这是由我们国家的历史经验、国家制度和现实情况所决定的。只有坚持党的领导，才能使村民自治有正确的政治方向，把亿万农民群众的政治主动性和参政议政愿望，转化为根据党的路线、方针、政策，齐心协力建设社会主义新农村的自觉行动。实行村民自治，必须坚持依法办事，就是说村民自治活动必须在法律规定的范围内实行自治，决不能超出或凌驾于宪法和法律之上，放任自流或搞无政府主义。只有坚持依法办事，坚持有法可依，有法必依，执法必严，违法必究的原则，才能及时查处压制和破坏民主、侵犯农民民主权利的行为，切实保障农民的民主权利，推动农村基层民主政治的健康发展。

（2）村民自治的主要内容

村民自治的主要内容就是全面推进本村的民主选举、民主决策、民主管理、民主监督。1）民主选举，就是由本村有选举权的村民依照法律、法规规定的程序，直接选举村民委员会主任、副主任和委员，真正把村民群众拥护的思想好、作风正、有文化、有本领、真心实意为群众办事的人，选进村民委员会领导班子。2）民主决策，就是凡涉及全体村民利益的事项和村中的重大问题，都要提请村民会议或村民代表会议讨论决定，按多数人的意见办理。3）民主管理，就是依据党的方针政策和国家的法律法规，结合本村的实际情况，由全体村民讨论制定村民自治章程或村规民约，加强村民的自我管理、自我教育和自我服务。4）民主监督，就是村里的重大事项和群众普遍关心的问题，都要向村民公开，由村民会议或村民代表会议评议村委会干部，村委会定期向村民会议或村民代表会议报告工作，接受村民的监督。实践证明，民主选举是村民自治的基础，民主决策是村民自治的关键，民主管理是村民自治的根本，民主监督是村民自治的保证。

（3）什么是村民自治章程？什么是村规民约？二者的关系如何

《村民委员会组织法》第20条规定：“村民会议可以制定和修改村民自治章程、村规民约，并报乡、民族乡、镇的人民政府备案。”同时还规定，村民自治章程和村规民约“不得与宪法、法律、法规和国家的政策相抵触，不得侵犯村民的人身权利、民主权利和合法财产权的内容。”

1）村民自治章程，是村民自我管理、自我教育、自我服务的综合性规章，是我国农村村民委员会中结构最完整的村规民约，村民形象地称之为“小宪法”。村民自治章程一般都包括如下内容：一是村民组织。主要是村民会议、村民代表会议、村民委员会以及村民小组的产生、构成及权利、义务关系。二是经济管理及社会发展。重点是本村企业及财务管理，土地及宅基地的管理和使用，村级公共事务及公益事业办理等。三是社会关系和社会秩序。制定社会治安、邻里关系、计划生育、婚姻家庭及社会风尚等方面的制度。也有一些地方的村民自治章程对社会保障、救灾救济、村干部廉政建设等方面的内容也做了相应的规定。

2）村规民约是指村民群众根据有关法律、法规、政策，结合本村实际制定的涉及村风民俗、社会公共道德、公共秩序、治安管理等方面的基本综合性规定，是村民进行自我管理、自我约束、自我教育的行为规范。从全国各地实践来看，村规民约共同性的内容有以下一些方面：一是热爱祖国，热爱共产党，热爱社会主义，热爱劳动；二是履行公民义务，三是遵纪守法，不偷盗，不赌博，不打架斗殴，维护社会公共秩序；四是爱护公物，爱护集体财产；五是讲礼貌，尊老爱幼，团结互助，帮助五保户、困难户，不虐待妇女和儿童；六是讲文明、讲卫生，搞好环境美化绿化；七是学科学、学文化，移风易俗，反对封建迷信；八是提倡晚婚晚育、少生优育，搞好计划生育；九是积极参加各种公益活动。

3）村规民约与村民自治章程有如下关系：① 村民自治章程的内容比村规民约更广泛。村规民约主要是从纪律、道德规范方面对村民提出要求，而村民自治章程内容十分广泛，基本包括了村民自治和村务管理的各个方面。凡涉及村民要执行的政策，要遵守的法规，要完成的任务，要统一规范的村中事务等等，村民自治章程都有明确的条文。② 村民自治章程在制度规定上比村规民约具体。村规民约一般只讲“几要”、“几不准”，多属于正面提倡；而村民自治章程将村民应该做什么，不应该做什么，支持什么，反对什么，违反了怎么办，都规定得明明白白。③ 村民自治章程的结构形式比村规民约要完整规范。村规民约一般只有几条，而村民自治章程完全按正规章程书写，采用的是“章”、“节”、“条”三级结构形式，给人一种更为严肃、正规之感。④ 村民自治章程的可操作性比村规民约要强。由于村民自治章程比村规民约广泛、具体，而且又是针对本村实际制定的，因此，它比村规民约更有针对性，更实用，更便于操作。⑤ 村民自治章程的权威性比村规民约大。村规民约由于条文有限，文字表达上只要不与有关法律法规相抵触就行，不需要核对许多法律条文。而村民自治章程由于量大面广，表述严谨，在制定过程中必须把有关农村、农民的所有法律、法规、政策，都拿出来学习讨论，并变成章程中的条款，因此，其权威性、合理性大大超过了村规民约。

二、村民委员会的组成与选举

1．村民委员会的组成

村民委员会是村民自我管理、自我教育、自我服务的基层群众性自治组织。《中华人民共和国村民委员会组织法》规定，村民委员会根据需要设人民调解、治安保卫、公共卫生等委员会。村民委员会成员可以兼任下属委员会的成员。人口少的村的村民委员会可以不设下属委员会，由村民委员会成员分工负责人民调解、治安保卫、公共卫生等工作。村民委员会由主任、副主任和委员共三至七人组成。村民委员会成员中，妇女应当有适当的名额，多民族村民居住的村应当有人数较少的民族的成员。村民委员会成员不脱离生产，根据情况，可以给予适当补贴。

2．村民委员会的选举

(1) 选举资格

年满十八周岁的村民，不分民族、种族、性别、职业、家庭出身、宗教信仰、教育程度、财产状况、居住期限，都有选举权和被选举权；但是，依照法律被剥夺政治权利的人除外。有选举权和被选举权的村民名单，应当在选举日的20日以前公布。

(2) 提名候选人

选举村民委员会，由本村有选举权的村民直接提名候选人。村民直接提名候选人可以有两种方式：一是村民个人提名候选人，二是村民联合提名。由村民个人提名候选人，俗称"海选"。所谓"海选"，就是由每个村民完全凭自己意愿采用投票的方式提出候选人，以得票多的作为正式候选人，然后进行正式投票，选出村委会成员。由村民联名提出候选人，即由村民采用联合署名的方式提出共同候选人。至于多少人联名可以提出候选人，可由地方人大常委会或政府根据本地实际情况作出具体规定。如果地方（省、市、县）没有作具体规定，村的选举办法可作具体规定。村民联名提出的候选人过多时，可采用预选的方式确定正式候选人。所谓预选，就是将所有候选人都列入预选名单，由村民进行无记名投票，然后以得票多的为正式候选人，再正式投票选举。经过预选确定的正式候选人必须多于应选人数，实行差额选举。

(3) 差额选举

候选人的名额应当多于应选名额。这就是说，由村民提名产生村委会成员候选人后，在正式选举中都应实行差额选举。

(4) 投票的程序

选举村委会成员，遵循"双过半"的原则，即有选举权的村民过半数投票，选举有效；候选人获得参加投票的村民的过半数的选票，始得当选。如果经过投票选举，获得过半数选票的候选人不足应选名额，则需进行另行选举。在另行选举中，候选人获得的选票，仍应超过参加投票的村民的过半数选票，始得当选。

村委会选举应采取无记名投票的方式，而不能采取其他方式，如举手表决的方式，以保证村民充分行使选举的权利。村民在填写选票时，可作出四种选择：一是可以投赞成票，但赞成的人数不能超过应选名额，否则无效；二是可以投反对票，选举人对选票上所列候选人可以部分反对，也可以全部反对；三是可以另选他人，选举人可以对全部候选人不同意而另选他人，也可以对部分候选人不同意而另选他人；四是可以弃权，选举人可以对全部候选人弃权，也可以对部分候选人弃权。

投票结束后，应当进行公开计票。所谓公开计票，也就是计票的过程应是公开的，而不是秘密的。计票时应当设有由村民推选的监票人和计票人。选举结果应当当场公布。

选举时，设立秘密写票处。这是由于选举村委会成员时，村民之间都比较熟悉，如果不设立秘密写票处，在其他村民在场的情况下，有些村民可能碍于情面或其他原因，不能在选票上写上真正想选的人，从而妨碍其行使选举权。秘密写票处的地点只要能方便村民秘密填写选票即可。

（5）村民委员会的任期

还规定村民委员会每届任期三年，届满应当及时举行换届选举。村民委员会成员可以连选连任。

三、村民委员会的权利、义务和监督

1. 村民委员会的权利和义务

作为村民自我管理、自我教育、自我服务的基层群众性自治组织，村民委员会享有下列权利和义务：办理本村的公共事务和公益事业，调解民间纠纷，协助维护社会治安，向人民政府反映村民的意见、要求和提出建议；村民委员会应当支持和组织村民依法发展各种形式的合作经济和其他经济，承担本村生产的服务和协调工作，促进农村生产建设和社会主义市场经济的发展；村民委员会应当尊重集体经济组织依法独立进行经济活动的自主权，维护以家庭承包经营为基础、统分结合的双层经营体制，保障集体经济组织和村民、承包经营户、联户或者合伙的合法的财产权和其他合法的权利和利益；村民委员会依照法律规定，管理本村属于村农民集体所有的土地和其他财产，教育村民合理利用自然资源，保护和改善生态环境；村民委员会应当宣传宪法、法律、法规和国家的政策，教育和推动村民履行法律规定的义务，爱护公共财产，维护村民的合法的权利和利益，发展文化教育，普及科技知识，促进村和村之间的团结、互助，开展多种形式的社会主义精神文明建设活动；多民族村民居住的村，村民委员会应当教育和引导村民加强民族团结、互相尊重、互相帮助；村民委员会根据村民居住状况、人口多少，按照便于群众自治的原则设立；村民委员会及其成员应当遵守宪法、法律、法规和国家的政策，办事公道，廉洁奉公，热心为村民服务；村民委员会决定问题，采取少数服从多数的原则。村民委员会进行工作，应当坚持群众路线，充分发扬民主，认真听取不同意见，坚持说服教育，不得强迫命令，不得打击报复。

2. 村民委员会的监督

村民自治的一项重要内容就是民主监督。村民委员会是由村民选举产生的、向全体村民负责的基层群众自治组织。只有经常地接受村民监督，才能避免村干部以权谋私、贪污腐化的现象，激励村干部的工作热情，使村民委员会具有战斗力。村民对村干部实施的民主监督，主要通过村务公开、民主评议和村财务审计三种形式。

(1) 村务公开，即通过一定程序，定期将村务处理情况张榜公布，让村民监督。《村民委员会组织法》对村务公开的内容、程序、方式、方法和相关责任都做了规定。通过村务公开，村民具有村务处理的知情权，不仅拓宽了参与村务管理的渠道，也对村干部的不良行为形成了有效监督。

(2) 民主评议村干部，是指村民定期对村干部工作情况、功过得失进行讨论，作出评价。一般在村民代表会议上进行。

本村五分之一以上有选举权的村民联名，可以要求罢免村民委员会成员。罢免要求应当提出罢免理由。

(3) 村财务审计，是指在村民委员会换届选举前，请专业人士对村干部任期内的财务情况进行审计，发现问题，及时处理。

四、村民会议

村民会议由本村十八周岁以上的村民组成。

召开村民会议，应当有本村十八周岁以上村民的过半数参加，或者有本村三分之二以上的户的代表参加，所作决定应当经到会人员的过半数通过。

村民委员会向村民会议负责并报告工作。村民会议每年审议村民委员会的工作报告，并评议村民委员会成员的工作。

村民会议由村民委员会召集。有十分之一以上的村民提议，应当召集村民会议。

村民委员会必须对村民会议或村民代表会议负责，人数较多或者居住分散的村，可以推选产生村民代表，由村民委员会召集村民代表开会，讨论决定村民会议授权的事项。村民代表由村民按每五户至十五户推选一人，或者由各村民小组推选若干人负责并报告工作。对涉及村民利益的下列事项，村民委员会必须提请村民会议讨论决定，方可办理：乡统筹的收缴方法，村提留的收缴及使用；本村享受误工补贴的人数及补贴标准；从村集体经济所得收益的使用；村办学校、村建道路等村公益事业的经费筹集方案；村集体经济项目的立项、承包方案及村公益事业的建设承包方案；村民的承包经营方案；宅基地的使用方案；村民会议认为应当由村民会议讨论决定的涉及村民利益的其他事项。

第二节　村务公开政策

一、村务公开制度

村务公开是指村民委员会按照规定的时间、形式和程序，将村民普遍关心的、涉及村民切身利益的重大事项公布，并接受村民监督的民主管理制度。全面推行村务公开，是党和政府在农村的一项重大政策，是《村民委员会组织法》的一项基本要求。

二、村务公开的内容

凡是涉及村里的重大事项和村民普遍关心的问题都应向村民公开，都须提请全体村民会议或村民代表会议讨论，按多数人的意见做出决定。根据《村民委员会组织法》的规定，村务公开的主要内容有：（1）乡统筹的收缴方法，村提留的收缴及使用情况；（2）本村享受误工补贴的人数及补贴标准及实施情况；（3）从村集体经济所得的收益及使用情况；（4）村办学校、村建道路等村公益事业的经费筹集方案及实施情况；（5）村集体经济项目的立项、承包方案及村公益事业的建设承包方案及实施情况；（6）村民的承包经营方案及实施情况；（7）宅基地的使用方案及实施情况；（8）国家计划生育政策的落实方案及实施情况；（9）救灾救济款物的发放情况；（10）水电费的收缴情况；（11）涉及本村村民利益、村民普遍关心的其他事项。其中涉及财务的事项至少每六个月公布一次，接受村民的监督。村民委员会应当保证公布内容的真实性，并有义务接受村民的查询，公布内容不真实，经查证确有违法行为的，对有关人员应依法追究责任。

三、村务公开的改进

（1）规范公开的内容。一是公开的事项既要齐全，又要突出重点，对当前农民群众普遍关心的热点和焦点问题，必须不折不扣地公开。二是公开的项目要清楚。搞村务公开，必须制定比较详尽的细则，在每个大项下面要划分若干小项目。比如计划生育情况公开，包括年度人口规划，照顾生育二胎的指标、条件、名单，计划内生育名单，计划外生育费的征收及使用情况等，这样村务公开就做到了大项清楚、小项明了，让群众看了明白放心。

(2) 规范公开的程序。一是公开前把公开项目的各种底数搞清。二是公开的情况要经过必要的审核，还要由村民公开监督小组审定。三是公开的结果要以一定的方式和群众见面。一般公开的内容要直观、明了，让村民一目了然，便于群众监督。比如，正常的财务收支情况，可每季度公开一次，而电费电价每月收缴的情况，则每月公开为好。有些项目如宅基地审批等随时公开。

(3) 规范公开的管理。一是村务公开要有专人负责管理有关事务。二是建立公开的档案，便于上级了解公开的具体情况，也便于群众查阅、监督和质询。三是进行督促检查。有关人员每隔一段时间对各村实行公开的情况进行一次普查和抽查，发现问题及时解决。

(4) 完善民主决策的形式和程序。村级民主决策的基本组织形式是村民会议和村民代表会议。召开村民会议，应当有本村18 周岁以上村民的过半数参加，或者有本村三分之二以上的户的代表参加，所作决定应当经到会人员的过半数通过。涉及村民利益的事项，原则上要遵循以下决策程序：由村党组织、村民委员会、村集体经济组织、十分之一以上村民联名或五分之一以上村民代表联名提出议案；由村党组织统一受理议案，并召集村党组织和村民委员会联席会议，研究提出具体意见或建议；由村民委员会召集村民会议或村民代表会议讨论决定；由村党组织、村民委员会组织实施村民民主决策事项的办理。对提交村民会议或村民代表会议讨论决定的事项，会前要向村民或村民代表公告，广泛征求意见；会后要及时公布表决结果；对决定事项的实施情况，要及时公布，自觉接受群众监督。涉及村民利益的重大事项，必须按照决策程序提请村民会议或村民代表会议讨论决定。村民会议或村民代表会议讨论决定的事项，要形成书面记录并妥善保存。未经村民会议或村民代表会议讨论决定，任何组织或个人擅自以集体名义借贷，变更与处置村集体的土地、企业、设备、设施等，均为无效，村民有权拒绝，造成的损失由责任人承担，构成违纪的给予党纪政纪处分，涉嫌犯罪的移交司法机关依法处理。

四、村务分开的监督

（1）设立村务公开监督小组。村务公开监督小组成员经村民会议或村民代表会议在村民代表中推选产生，负责监督村务公开制度的落实。村干部及其配偶、直系亲属不得担任村务公开监督小组成员。村务公开监督小组及其成员应当热爱集体，公道正派，有一定的议事能力，其中应有具备财会知识的成员。村务公开监督小组要依法履行职责，认真审查村务公开各项内容是否全面、真实，公开时间是否及时，公开形式是否科学，公开程序是否规范，并及时向村民会议或村民代表会议报告监督情况。对不履行职责的成员，村民会议或村民代表会议有权罢免其资格。

（2）加强对农村集体财务的审计监督。县、乡两级农村集体资产和财务管理指导部门，要切实组织好对农村集体财务的审计监督工作。审计内容主要包括：集体资产的管理使用、财务预决算、财务收支、生产经营和建设项目的发包管理、集体的债权债务、上级划拨或接受社会捐赠的资金、物资使用等情况，以及群众要求审计的其他事项。当前，要加大对集体土地征用、集体企业改制、“村改居”和并村过程中集体资产的处置、村内“一事一议”筹资筹劳、新型农村合作医疗、政府发放到村到户的各项补贴资金和物资等事项的审计力度，并将审计结果及时公布。村干部任期届满或离任时必须审计。在审计中查出侵占集体资产和资金、多吃多占、铺张浪费的，要责令其如数退赔；涉及国家工作人员及村干部违法违纪的，需要给予党纪政纪处分的，移交纪检监察机关处理；构成犯罪的，移交司法机关依法追究当事人的法律责任。农村集体经济组织、村民小组、农（畜）产品行业协会和农民专业合作组织所有的资产，也要实行财务公开，加强管理与监督。

第十章　农村文化建设与保护政策

【相关政策】

1.《中共中央关于推进农村改革发展若干重大问题的决定》（2008年10月12日中国共产党第十七届中央委员会第三次全体会议通过）

2.《历史文化名城名镇名村保护条例》（国务院，2008年4月22日）

3.《“中国民间文化艺术之乡”命名办法》（文化部，2007年1月9日）

4.《国家“十一五”时期文化发展规划纲要》（文化部，2006年9月）

5.《关于鼓励发展民营文艺表演团体的意见》（文化部、财政部、人事部、国家税务总局，2005年12月）

6.《中共中央办公厅国务院办公厅关于进一步加强农村文化建设的意见》（中办发〔2005〕27号，2005年11月7日）

第一节　农村文化建设政策

一、为什么要加强农村文化建设

加强农村文化建设，是全面建设小康社会的内在要求，是树立和落实科学发展观、构建社会主义和谐社会的重要内容，是建设社会主义新农村、满足广大农民群众多层次多方面精神文化需求的有效途径，对于提高党的执政能力和巩固党的执政基础，促进农村经济发展和社会进步，实现农村物质文明、政治文明和精神文明协调发展，具有重大意义。

《中共中央办公厅国务院办公厅关于进一步加强农村文化建设的意见》明确指出："农村文化建设与全面建设小康社会的目标要求还不相适应，与经济社会的协调发展还不相适应，与农民群众的精神文化需求还不相适应，主要问题是文化基础设施落后，现有资源尚未得到有效利用。文化体制不顺、机制不活，文化产品、文化服务供给不足，文化活动相对贫乏。城乡文化发展水平差距较大。这种状况必须引起高度重视，迫切需要采取有效措施，切实加以改变。"

十七届三中全会决定指出，社会主义文化建设是社会主义新农村建设的重要内容和重要保证。坚持用社会主义先进文化占领农村阵地，满足农民日益增长的精神文化需求，提高农民思想道德素质。扎实开展社会主义核心价值体系建设，坚持用中国特色社会主义理论体系武装农村党员、教育农民群众，引导农民牢固树立爱国主义、集体主义、社会主义思想。推进广播电视村村通、文化信息资源共享、乡镇综合文化站和村文化室建设、农村电影放映、农家书屋等重点文化惠民工程，建立稳定的农村文化投入保障机制，尽快形成完备的农村公共文化服务体系。扶持农村题材文化产品创作生产，开展农民乐于参与、便于参与的文化活动，建立文化科技卫生"三下乡"长效机制，支持农民兴办演出团体和其他文化团体，引导城市文化机构到农村拓展服务。重视丰富农民工文化生活，帮助他们提高素质。广泛开展文明村镇、文明集市、文明户、志愿服务等群众性精神文明创建活动，倡导农民崇尚科学、诚信守法、抵制迷信、移风易俗，遵守公民基本道德规范，养成健康文明生活方式，形成男女平等、尊老爱幼、邻里和睦、勤劳致富、扶贫济困的社会风尚。加强农村文物、非物质文化遗产、历史文化名镇名村保护。发展农村体育事业，开展农民健身活动。

二、农村文化建设的指导思想和目标任务

1. 农村文化建设的指导思想

农村文化建设要坚持以邓小平理论和“三个代表”重要思想为指导，树立和落实科学发展观，全面贯彻党的十六大和十六届三中、四中、五中全会精神，始终把握社会主义先进文化的前进方向，努力满足广大农民群众多层次多方面精神文化需求。要坚持“多予、少取、放活”，加大政府投入，调整资源配置，深化体制改革，加强文化基础设施建设，构建公共文化服务体系，实现和保障农民群众的基本文化权益。发挥市场机制作用，加强政策调控，积极发展文化产业，充分调动社会各方面力量参与农村文化建设，提供更多更好的文化产品和服务。大力发展先进文化，支持健康有益文化，改造落后文化，抵制腐朽文化，倡导科学、文明，克服愚昧、落后，促进农村物质文明、政治文明、精神文明协调发展。

2. 农村文化建设的目标任务

农村文化建设的目标任务是，按照建设社会主义新农村的要求，经过5年的努力，基本形成适应社会主义市场经济体制、符合社会主义精神文明建设规律的农村文化建设新格局。县、乡、村文化基础设施相对完备，公共文化服务切实加强。农村文化工作体制机制逐步理顺，现有文化资源得到有效利用。文化队伍不断壮大，农民自办文化更加活跃。文化产业较快发展，看书难、看戏难、看电影难、收听收看广播电视难的问题基本解决。农村文明程度和农民整体素质有所提高，文化在促进农村生产发展、生活宽裕、乡风文明、村容整洁、管理民主等方面发挥重要作用。

三、农村文化建设的具体措施

1. 农村公共文化建设的措施

(1) 大力推进广播电视进村入户，争取到2010年基本实现

20户以上的已通电自然村全部通广播电视，使农民群众收听收看到套数更多、质量更好的广播电视节目。

（2）积极发展农村电影放映，到2010年基本实现全国农村一村一月放映一场电影的目标。

（3）开展农村数字化文化信息服务。“十一五”期间基本完成全国市、县、乡（镇）分中心和50%的行政村服务点建设。文化信息资源共享工程与农村文化设施建设统筹规划，综合利用，使县文化馆、图书馆和乡综合文化站、村文化活动室逐步具备提供数字化文化信息服务的能力。

（4）推动服务“三农”的出版物出版发行。实施服务“三农”重点出版物出版工程，增加农民群众买得起、读得懂、用得上的通俗读物的品种和数量。发展农民书社等农民自助读书组织，为农民群众读书提供方便。继续实施送书下乡工程。以政府采购形式，每年集中招标采购一批适用于农村的图书，直接配送到国家扶贫开发工作重点县的乡村文化站（室），方便农民群众阅读。改进报刊订阅发行工作，缩短发送时间，使农民群众及时看到报刊。

（5）加强乡村文化设施建设。坚持以政府为主导，以乡镇为依托，以村为重点，以农户为对象，发展县、乡镇、村文化设施和文化活动场所，构建农村公共文化服务网络。《文化建设“十一五”规划》提出，“在巩固县县有图书馆、文化馆的基础上，基本实现乡镇有综合文化站，有条件的行政村有文化活动室，继续扶持发展农村儿童文化园。”到2010年，实现县有文化馆、图书馆，乡镇有综合文化站，行政村有文化活动室。乡镇可结合乡镇机构改革和站（所）整合，组建集图书阅读、广播影视、宣传教育、文艺演出、科技推广、科普培训、体育和青少年校外活动等于一体的综合性文化站，配备专职人员管理。村文化活动室可“一室多用”，明确由一名村干部具体负责。在学校布点整顿中腾出的闲置校舍，可改造为村文化活动基地。充分发挥农村中小学在开展农村文化活动方面的作用，提倡中小学图书室、电子阅览室定时就近向农民群众开放，把中小学校建成宣传、文化、信息中心。对中西部及其他老少边穷等地广人稀适宜开展流动服务的地区，建设流动服务网络，由政府给乡文化站配备多功能流动文化车，开展灵活、多样、方便的文化服务。

（6）国家将加大文化资源向农村的倾斜。对重要的公共文化资源进行合理调整，逐步增加为农村服务的资源总量。人民日报要加大农村和农业报道的分量，逐步创造条件开办农村版。农民日报等专门面向农村的报刊要不断提高质量，坚持为"三农"服务的方向。中央人民广播电台、中央电视台增加农村节目、栏目和播出时间。农业大省的省级党报要开设农村版，电台、电视台要开办农村频率、频道。有条件的省级党报和电台、电视台也可开办专门的农村版和农村频率、频道。市（地）党报和市（地）县广播电台、电视台要把面向基层、服务"三农"作为主要任务。

2. 丰富农民群众精神文化生活的措施

（1）开展多种形式的群众文化活动。农村文化活动要贴近群众生产生活实际，坚持业余自愿、形式多样、健康有益、便捷长效原则，丰富和活跃农民群众精神文化生活。充分利用农闲、节日和集市，组织花会、灯会、赛歌会、文艺演出、劳动技能比赛等活动。紧密结合农民脱贫致富的需求，倡导他们读书用书、学文化、学技能，普及先进实用的农业科技知识和卫生保健常识。以创建文明村镇、文明户等为载体，积极引导广大农民群众崇尚科学，破除迷信，移风易俗，抵制腐朽文化，提高思想道德水平和科学文化素质，形成文明健康的生活方式和社会风尚。根据时代的特点和农民群众精神文化需求的变化，不断充实活动内涵，创新活动形式。

（2）着力发展农村特色文化。加强对农村优秀民族民间文化资源的系统发掘、整理和保护。授予秉承传统、技艺精湛的民间艺人"民间艺术大师"、"民间工艺大师"等称号，开展"民间艺术之乡”、“特色艺术之乡”命名活动。对农村传统文化生态保持较完整并具有特殊价值的村落或特定区域进行动态整体性保护，逐步建立科学有效的民族民间文化遗产传承机制。积极开发具有民族传统和地域特色的剪纸、绘画、陶瓷、泥塑、雕刻、编织等民间工艺项目，戏曲、杂技、花灯、龙舟、舞狮舞龙等民间艺术和民俗表演项目，古镇游、生态游、农家乐等民俗旅游项目。实施特色文化品牌战略，培育一批文化名镇、名村、名园、名人、名品。

(3) 提供更多更好的农村题材文化产品。鼓励和扶持农村题材文艺作品创作，把农村题材纳入舞台艺术生产和音像制品出版计划。加大对农村题材重点选题的资助力度，每年推出一批农村题材文艺精品。购买适合农村需要的优秀剧本版权，免费供给基层艺术团体为农民群众演出。全国性文艺出版评奖要安排一定数额，用于奖励反映农民生活的优秀文艺作品。宣传文化领域的有关专项资金要加大对农村题材重点选题的资助力度，每年推出一批反映当代农村生活、农民喜闻乐见的文艺精品。

3. 创新农村文化建设体制机制的措施

(1) 加快公益性文化事业单位改革。县级文化馆、图书馆的改革主要是增加投入，转换机制，增强活力，提高公共服务水平。深化劳动、人事、分配等方面的内部改革，建立健全竞争、激励、约束机制和岗位目标责任制，全面实行聘用制和劳动合同制。县文化馆、图书馆，乡镇综合文化站等属于公益性事业单位，不得企业化或变相企业化，不得以拍卖、租赁等任何形式，改变其文化设施的用途；已挪作他用的，要限期收回。县、乡文化机构要面向农村，面向基层，制订年度农村公益性文化项目实施计划，明确服务规范，改进服务方式，开展流动文化服务，加强对农村文化骨干和文化中心户的免费培训辅导，扶持奖励民办文化。

(2) 逐步推动经营性国有文化事业单位转企改制。根据试点先行、稳步推进的原则，推动基层国有艺术团体、电影公司、电影院、新华书店等经营性国有文化事业单位转企改制。转制企业按现行文化体制改革试点工作有关配套政策内容，给予3年财政税收、社会保障、劳动人事等方面的优惠政策。加快产权制度改革，积极鼓励社会资本参与经营性文化事业单位的股份制改造，实现投资主体多元化。鼓励艺术团体以各种形式和企业合作。鼓励电影公司、电影院以“院线制”形式，新华书店以连锁经营形式，在更大范围内进行文化资源整合，提高经营能力。

图10－1 福建永春县推进农村文化建设，将农村祠堂等闲置场所建成茶艺室、书画室、棋牌室、南音室，使之成为村民的文化学堂。（新华网图片）

（3）大力发展农村民办文化。通过民办公助、政策扶持，鼓励农民自办文化，开展各种面向农村、面向农民的文化经营活动，使农民群众成为农村文化建设的主体。积极扶持热心文化公益事业的农户组建文化大院、文化中心户、文化室、图书室等，允许其以市场运作的方式开展形式多样的文化活动。支持农民群众自筹资金、自己组织、自负盈亏、自我管理，兴办农民书社、集（个）体放映队等，大力扶持民间职业剧团和农村业余剧团的发展。引导文化专业户相互联合，进行市场化运作，逐步向个体、私营等非公有制文化企业发展，开发文化资源，变资源优势为产业优势。扶持以公司加农户、专业加工户等形式，从事农村特色文化产品开发和文化服务，促进农村文化产业发展。有关行政部门要简化对农村个体、私营等非公有制文化企业的登记审核程序，在土地使用、信贷、行业政策等方面，与国有文化企业享受同等待遇。鼓励社会资本在政策范围内，以各种形式兴办文化实体，形成以公有制为主体、多种所有制共同发展的文化产业格局。

（4）加强对拓宽农村文化市场的政策调控。按照普遍服务原则，运用市场准入、资格认定、价格调节、财税优惠等政策，引导各类市场主体在出版物发行、电影放映、文艺表演、网络服务等领域，积极开发农村文化市场。重点推动面向大众的文化产品和服务进入中西部和老少边穷的农村地区。通过各种有效的调控，把发挥市场机制积极作用和构建公共文化服务体系有机结合起来，努力使广大农民群众享有更加充分、质优价廉的文化产品和服务。

（5）探索农村文化设施运行管理新机制新办法。统筹文化、教育、科技、体育和青少年、老年活动场所的规划建设和综合利用，努力做到相关设施能够共建共享，着力解决农村文化设施分散、使用效率不高的问题。对电影院、剧院等设施，在确保其功能不变的前提下，鼓励其进入大型文化企业集团，也可以实行所有权与经营权相分离的运营模式，采取公办民营、公开招标、委托经营的方式，更好地提供文化服务。机关、学校内部的文化设施，有条件的要采取多种方式对农民群众开放。

（6）规范农村文化市场。坚持一手抓繁荣、一手抓管理的方针，大力加强农村文化市场管理，营造扶持健康文化、抵制腐朽文化的社会环境。加强和充实县级文化市场行政执法队伍，充分发挥乡镇综合文化站监管作用，健全农村文化市场管理体系，加强执法力量，加大监管力度，提高执法水平。整顿和规范市场秩序，严厉打击违法违规活动，取缔无证经营。重点加强对演出娱乐、电影放映、出版物印刷和销售、网吧等方面管理，坚决打击传播色情、封建迷信等违法活动，确保农村文化市场健康有序发展。

4. 动员社会力量支持农村文化建设的措施

（1）继续开展文化科技卫生“三下乡”、文化对口支援活动。积极探索“三下乡”活动的长效机制。对重要项目和产品采取财政补贴，以政府采购的方式，直接送到农村。充分发挥流动文化车、文化小分队的作用，使“三下乡”活动小型化、经常化，努力做到灵活多样、行之有效。鼓励和组织专业文化工作者到农村辅导群众文化活动。把农村文化建设纳入对口扶贫计划，建立和完善东部地区对西部地区、发达地区对欠发达地区、城市对农村的文化援助机制，支援农村文化建设。

（2）积极引导社会力量捐助农村文化事业。重点捐助文化站（室）、图书室等农村文化基础设施建设以及农村公益性文化实体和文化活动。动员城市单位和居民以各种方式捐赠电视机、收音机、计算机和农民群众需要的图书杂志、音像电子出版物等，可由捐助者直接交付农村，也可由民政部门、人民团体和有关民间组织负责组织发送。鼓励权利人许可基层文化单位无偿使用其作品或录音录像制品。社会力量通过依法成立的非营利公益性组织或国家机关向农村文化事业的捐赠，纳入公益性捐赠范围，按税法的有关规定税前扣除。对贡献突出的单位和个人，给予表彰和奖励。

（3）积极组织开展农村文化服务活动。在“大学生志愿服务西部计划”和“高校毕业生到农村服务计划”中增加农村文化服务的内容，鼓励应届大学毕业生深入广大农村从事文化信息传播、活动组织、人员培训等活动。有关部门应根据实际情况及时研究解决因增加农村文化服务内容而需要扩大人员规模和经费等问题，确保农村文化服务活动的顺利开展。

5. 加强对农村文化建设组织领导的措施

（1）高度重视农村文化建设。各级党委和政府对加强农村文化建设负有重要责任。要把农村文化建设纳入各级党委和政府的重要议事日程，纳入经济和社会发展规划，纳入财政支出预算，纳入扶贫攻坚计划，纳入干部晋升考核指标，确保农村文化建设各项目标任务的实现。建立农村文化建设目标责任制，把农村文化工作列入创建文化先进县（市）、乡镇和创建文明城市、文明村镇等相关评价体系。建立健全基层文化单位的评价机制，将服务农村、服务农民情况作为文化单位工作的重要考核内容。推动农村文化建设的法制化、规范化、制度化。

（2）切实加大政府投入力度。各级财政要统筹规划，加大对农村文化建设的投入，扩大公共财政覆盖农村的范围，不断提高用于乡镇和村的比例。保证一定数量的中央转移支付资金用于乡镇和村的文化建设。中央和省、市三级设立农村文化建设专项资金，确保农村重点文化建设的资金需求。提高财政资金的使用效益。

（3）加强农村文化队伍建设。采取有效措施，稳定和发展专兼职结合的农村文化队伍，逐步提高队伍的整体素质。根据相关法律法规的规定对农村文化事业单位的人员实行从业资格制度。鼓励高校毕业生到农村从事文化工作。采取多种形式，充分发挥专业艺术人员的积极性，加强农村文化队伍的教育培训。积极培养农民文化骨干，充分发挥民间艺人、文化能人在活跃农村文化生活、传承发展民族民间文化方面的作用，巩固农村文化建设的群众基础。注意发挥农村文化经纪人的作用。对作出突出贡献的农村文化单位和基层文化工作者予以表彰奖励，在全社会形成关心支持农村文化建设的良好氛围。

（4）落实有关部门责任。中央和国家机关有关部门要按照中央的统一部署，认真制订农村文化建设规划，因地制宜，分类指导，完善政策，明确措施，抓好各项工作的贯彻落实。建立党委、政府农村文化工作联席会议制度，明确各有关部门职责，密切协作、各负其责、齐抓共管、形成合力，共同做好农村文化工作。宣传文化部门要充分发挥主管部门的职能作用，搞好综合协调。群众团体要努力发挥在农村文化建设中的重要作用。有关部门对农村文化建设特别是重点文化工程，要加强专项监督检查。

四、四大重点工程拉近城乡文化发展差距

《国家“十一五”时期文化发展规划纲要》指出，将加快欠发达地区综合文化站的改扩建和农村危旧公共文化设施的改造，实施农村文化重点工程建设，改善、提升农村公共文化基础设施条件和服务水准。

“十一五”时期，我国将以四大重点工程助推农村文化建设，逐步改变城乡之间文化发展不平衡：

（1）广播电视“村村通”工程——推进广播电视进村入户，充分利用无线、卫星、有线、微波等多种手段，为广大农村地区提供套数更多、质量更好的广播电视节目，全面实现 20 户以上已通电自然村通广播电视。

（2）农村电影放映工程——做好农村电影拷贝配送工作，丰富电影片源，加快推进农村电影数字化放映，加强农村电影院更新改造，增加固定或流动放映点，基本实现全国农村一村一月放映一场电影。

（3）乡镇综合文化站建设——在欠发达地区新建、改扩建 2.5 万个左右综合文化站，配备必需的设备，完成对农村危旧公共文化设施的改造，基本实现全国乡镇均建有综合文化站。

（4）流动综合文化服务车——对西部及其他老少边穷等地广人稀适宜开展流动服务的地区，为县乡配备流动文化服务车、流动电影放映车，开展集影视放映、文艺演出、图片展览、图书销售和借阅、科技宣传为一体的流动文化服务。

图 10－2　这是 2007 年 7 月 15 日，在广东韶关市浈江区犁市镇，演员在“流动舞台车”上为群众表演文艺节目（新华社照片）。

五、民营文艺表演团体

1. 民营文艺表演团体的定位

2005 年 12 月，文化部、财政部、人事部、国家税务总局出台了《关于鼓励发展民营文艺表演团体的意见》，明确提出要积极支持民营文艺表演团体的发展。《意见》指出，民营文艺表演团体是我国社会主义文化事业的重要组成部分，是社会主义精神文明建设的重要力量。民营文艺表演团体来自于民间、成长于民间、服务于民间，对发展社会主义先进文化、繁荣基层文化市场、丰富城乡文化生活、满足人民群众精神文化需求，具有重要意义。

2. 支持民营文艺表演团体的具体政策

支持民营文艺表演团体的具体政策有七项。

（1）放宽民营文艺表演团体的市场准入。鼓励社会资本以个体、独资、合伙、股份等形式投资兴办民营文艺表演团体，扶持农民和民间艺人自筹资金组建民营文艺表演团体。取消对民营文艺表演团体注册资本限额的特殊规定和个体演员证，允许成立个人独资、合伙的民营文艺表演团体。允许民营文艺表演团体以合资、合作、并购等形式，参与市、县国有文艺院团转企改制。允许国有文艺院团演职人员经单位批准离职自主创办民营文艺表演团体。对符合设立条件的民营文艺表演团体，县级文化和工商部门要按照《营业性演出管理条例》和企业登记法律法规规定的时限，及时发放营业性演出许可证和营业执照。

（2）简化民营文艺表演团体的演出审批手续。民营文艺表演团体从事演出活动，在申报、审批等方面与国有文艺院团享受同等权利和义务。演出所在地县级文化部门可直接受理民营文艺表演团体的演出申请，应在规定时限内做出答复，符合条件的，发放批准文件。对外埠民营文艺表演团体，不得指定承办单位。有关部门要维护民营文艺表演团体演出的合法权益，在审批监管中不得收取法律法规规定以外的任何费用。

（3）加强对民营文艺表演团体创作演出的指导和支持。加强对民营文艺表演团体创作演出剧（节）目的指导，使之符合社会主义精神文明的要求。对于适合在基层特别是农村演出的优秀剧本，可由政府出资购买版权，免费提供给包括民营文艺表演团体在内的县以下基层文艺团体移植、改编和演出，鼓励著作权人许可这些表演团体无偿使用其创作的优秀剧（节）目在农村演出。支持民营文艺表演团体演出非物质文化遗产保护成果中的民间音乐、歌舞、戏曲、说唱等项目。在全国性文艺评奖、文艺调演和表彰活动中，对民营文艺表演团体的原创剧（节）目，应与国有文艺表演院团同等待遇。鼓励社会资本向民营文艺表演团体面向基层、面向农村的公益性演出提供捐赠，捐赠部分可按照国家税收法规的有关规定予以税前扣除。

（4）鼓励和支持民营文艺表演团体参加对外文化交流。鼓励民营文艺表演团体参加政府对外文化交流项目的招投标活动，支持有条件的民营文艺表演团体参加国际民间文化交流活动。鼓励有比较优势的民营文艺表演团体到国外演出、投资、注册公司，在信息咨询、宣传推广、营销人员培训等方面，与国有文艺院团同等待遇；经批准的重大演出项目，可给予一定的资金补助。有关部门要在项目审批、人员出入境及物品通关方面，提供便捷高效的服务。对积极开拓国外市场的民营文艺表演团体，凡符合条件的，可根据其资质和市场前景，给予中小企业国际市场开拓资金支持。允许民营文艺表演团体依法邀请国外文艺表演团体或个人参加本团的对外演出活动。

（5）加强民营文艺表演团体人才培养。文化部和省级文化厅（局）可委托有关艺术院校，为民营文艺表演团体经营管理人员的培训提供方便。鼓励艺术院校毕业生到民营表演团体就业。鼓励专业文化工作者深入民营文艺表演团体开展业务辅导。鼓励兴办民办艺术学校。民营文艺表演团体演员及相关技术人员在专业技术职称评定中，与国有文艺院团演员及专业技术人员实行同一标准。

（6）完善对民营文艺表演团体的管理。加强对民营文艺表演团体的引导和规范，完善规章制度，健全工作机制。加强对民营文艺表演团体演职人员的职业道德教育和法制培训，增强法制意识，倡导诚实文明经营。严厉打击违法违规演出活动，取缔无证经营行为。严格内容审查，强化现场监管，抵制低俗之风，对危害社会公德和民族优秀文化传统、宣扬淫秽色情和邪教迷信、利用人体缺陷或以展示人体变异等方式招徕观众的表演等，要坚决予以制止。要帮助民营文艺表演团体建立会计核算制度和劳动合同关系，按规定参加社会保险，规范经营行为。加强演出行业协会建设，制定行业规范，鼓励民营文艺表演团体及其经纪人和骨干演员加入行业协会，促进行业自律。

（7）努力形成有利于民营文艺表演团体健康发展的社会舆论氛围。民营文艺表演团体的优秀剧（节）目可在电台、电视台播放。对优秀民营文艺表演团体和演员给予表彰。

第二节　农村历史文化保护政策

一、加强农村历史文化保护的重要性

我国民间文艺历史悠久、源远流长，生于民间、兴于民间、藏于民间，与人民群众的日常生产生活息息相关，与人民群众的精神文化活动息息相通，是人民群众自己创造、自己传承的文化艺术，是中华民族五千年历史的宝贵结晶。广大民间文艺工作者要牢牢把握社会主义先进文化前进方向，坚持继承与创新统一、专业与业余结合、研究与展示并重，进一步做好优秀民间文艺的宣传展示和开发利用。要按照建设社会主义新农村的要求，把弘扬民间文艺作为农村文化建设的重要内容，科学利用农村民间文化资源，积极开展具有浓郁民间特色的群众文化活动，促进农村物质文明与精神文明协调发展。

二、中国民间文化艺术之乡政策措施

为发展社会主义先进文化，继承和弘扬中华民族优秀文化传统，推动民间文化艺术事业的繁荣和发展，2007 年 1 月，文化部制定发布“中国民间文化艺术之乡”的命名和管理办法。

1. 什么是“中国民间文化艺术之乡”

“中国民间文化艺术之乡”是指在当地广泛开展的某种群众性文化艺术活动特色鲜明、成效突出，并对当地群众文化生活及经济发展产生较大影响的县（县级市、区）、乡镇（街道）和社区。

2. “中国民间文化艺术之乡”五项基本条件

“中国民间文化艺术之乡”五项基本条件见表 10-1。凡申报“中国民间文化艺术之乡”的单位须经当地政府同意后向上一级文化行政主管部门申报。

“中国民间文化艺术之乡”五项基本条件　　表 10-1

名称	基本条件
中国民间文化艺术之乡	已被省级文化行政主管部门命名为各类文化艺术之乡
	当地政府重视民间文化艺术之乡创建发展工作，并将其纳入当地文化建设发展的总体规划，对当地精神文明建设和经济发展起到较大促进作用
	广泛开展具有浓厚的民族和地域特色的文化艺术活动，被当地群众普遍熟知和认同，为当地群众喜闻乐见，对当地群众文化生活产生较大影响
	拥有开展民间文化艺术活动的代表人物和骨干队伍，经常性开展有关民间文化艺术的创作、演出、展示、培训、交流等活动，建有规范和完备的创建民间文化艺术之乡的档案
	具备经常开展民间文化艺术活动的场地、设施等条件，并有开展活动的基本经费保障

3. “中国民间文化艺术之乡”申报材料

“中国民间文化艺术之乡”申报材料见表 10-2。

“中国民间文化艺术之乡”申报材料　　表 10-2

项目	要求
申报表	主要内容包括所在县（县级市、区）、乡镇（街道）及社区基本情况（地理位置、人口概况、基本历史）以及开展特色文化艺术活动的历史沿革、特点及发展情况、代表人物及骨干队伍、所取得的成绩以及地域影响力、发展规划、措施及经费来源等情况
申报片	拍摄一部全面反映创建“中国民间文化艺术之乡”情况的 DVD 申报片，时间不得超过 15 分钟
申报图片	包括造型艺术作品图片、表演艺术演出照片及有关活动的现场照片
其他	有助于说明创建“中国民间文化艺术之乡”情况的相关材料

4.“中国民间文化艺术之乡”的管理

各省、自治区、直辖市文化厅（局）对本行政区域内的申请进行审核后，提出“中国民间文化艺术之乡申报名单”，名单次序按照推荐顺序排列，名额不限，并将全部申报材料上报文化部。

“中国民间文化艺术之乡”每两年命名一次。实行动态管理。对已命名的“中国民间文化艺术之乡”在下一届申报时进行重新审核、申报。对不符合命名办法第三条规定的，由省级文化行政部门提出限时整改。在规定时间内仍不能达到标准的，由各省、自治区、直辖市文化厅（局）提出取消命名申请；经文化部审核后，取消“中国民间文化艺术之乡”的命名，并予以公布。文化部将不定期对“中国民间文化艺术之乡”进行个别检查。

三、历史文化名镇（村）的申报与保护

1. 历史文化名镇（村）保护原则

历史文化名镇、名村的保护应当遵循科学规划、严格保护的原则：

（1）保持和延续其传统格局和历史风貌；

（2）维护历史文化遗产的真实性和完整性；

（3）继承和弘扬中华民族优秀传统文化；

（4）正确处理经济社会发展和历史文化遗产保护的关系。

2. 保护资金

（1）国家对历史文化名镇、名村的保护给予必要的资金支持。

（2）历史文化名镇、名村所在地的县级以上地方人民政府，根据本地实际情况安排保护资金，列入本级财政预算。

（3）国家鼓励企业、事业单位、社会团体和个人参与历史文化名镇、名村的保护。

3. 管理

(1) 国务院建设主管部门会同国务院文物主管部门负责全国历史文化名镇、名村的保护和监督管理工作。

(2) 地方各级人民政府负责本行政区域历史文化名镇、名村的保护和监督管理工作。

(3) 县级以上人民政府及其有关部门对在历史文化名镇、名村保护工作中作出突出贡献的单位和个人，按照国家有关规定给予表彰和奖励。

4. 申报条件

具备下列条件的镇、村庄，可以申报历史文化名镇、名村：

(1) 保存文物特别丰富；

(2) 历史建筑集中成片；

(3) 保留着传统格局和历史风貌；

(4) 历史上曾经作为政治、经济、文化、交通中心或者军事要地，或者发生过重要历史事件，或者其传统产业、历史上建设的重大工程对本地区的发展产生过重要影响，或者能够集中反映本地区建筑的文化特色、民族特色。

5. 申报材料

申报历史文化名镇、名村，应当提交所申报的历史文化名镇、名村的下列材料：

(1) 历史沿革、地方特色和历史文化价值的说明；

(2) 传统格局和历史风貌的现状；

(3) 保护范围；

(4) 不可移动文物、历史建筑、历史文化街区的清单；

(5) 保护工作情况、保护目标和保护要求。

6. 申报程序及审批

申报历史文化名镇、名村，由所在地县级人民政府提出申请，经省、自治区、直辖市人民政府确定的保护主管部门会同同级文物主管部门组织有关部门、专家进行论证，提出审查意见，报省、自治区、直辖市人民政府批准公布。

对符合条件而没有申报历史文化名镇、名村的镇、村庄，省、自治区、直辖市人民政府确定的保护主管部门会同同级文物主管部门可以向该镇、村庄所在地的县级人民政府提出申报建议；仍不申报的，可以直接向省、自治区、直辖市人民政府提出确定该镇、村庄为历史文化名镇、名村的建议。

国务院建设主管部门会同国务院文物主管部门可以在已批准公布的历史文化名镇、名村中，严格按照国家有关评价标准，选择具有重大历史、艺术、科学价值的历史文化名镇、名村，经专家论证，确定为中国历史文化名镇、名村。

已批准公布的历史文化名镇、名村，因保护不力使其历史文化价值受到严重影响的，批准机关应当将其列入濒危名单，予以公布，并责成所在地县人民政府限期采取补救措施，防止情况继续恶化，并完善保护制度，加强保护工作。

7. 保护规划

历史文化名镇、名村批准公布后，所在地县级人民政府应当组织编制历史文化名镇、名村保护规划。保护规划应当自历史文化名镇、名村批准公布之日起1年内编制完成。保护规划由省、自治区、直辖市人民政府审批。

保护规划应当包括下列内容：

(1) 保护原则、保护内容和保护范围；

(2) 保护措施、开发强度和建设控制要求；

(3) 传统格局和历史风貌保护要求；

(4) 历史文化街区、名镇、名村的核心保护范围和建设控制地带；

(5) 保护规划分期实施方案。

8. 保护措施

(1) 历史文化名镇、名村应当整体保护，保持传统格局、历史风貌和空间尺度，不得改变与其相互依存的自然景观和环境。

(2) 历史文化名镇、名村所在地县级以上地方人民政府应当根据当地经济社会发展水平，按照保护规划，控制历史文化名镇、名村的人口数量，改善历史文化名镇、名村的基础设施、公共服务设施和居住环境。

（3）在历史文化名镇、名村保护范围内从事建设活动，应当符合保护规划的要求，不得损害历史文化遗产的真实性和完整性，不得对其传统格局和历史风貌构成破坏性影响。

（4）在历史文化名镇、名村保护范围内禁止进行下列活动：

1）开山、采石、开矿等破坏传统格局和历史风貌的活动；

2）占用保护规划确定保留的园林绿地、河湖水系、道路等；

3）修建生产、储存爆炸性、易燃性、放射性、毒害性、腐蚀性物品的工厂、仓库等；

4）在历史建筑上刻画、涂污。

（5）在历史文化名镇、名村保护范围内进行下列活动，应当保护其传统格局、历史风貌和历史建筑；制订保护方案，经县人民政府城乡规划主管部门会同同级文物主管部门批准，并依照有关法律、法规的规定办理相关手续：

1）改变园林绿地、河湖水系等自然状态的活动；

2）在核心保护范围内进行影视摄制、举办大型群众性活动；

3）其他影响传统格局、历史风貌或者历史建筑的活动。

（6）历史文化名镇、名村建设控制地带内的新建建筑物、构筑物，应当符合保护规划确定的建设控制要求。

（7）对历史文化街区、名镇、名村核心保护范围内的建筑物、构筑物，应当区分不同情况，采取相应措施，实行分类保护。

（8）历史文化名镇、名村核心保护范围内的历史建筑，应当保持原有的高度、体量、外观形象及色彩等。

（9）在历史文化名镇、名村核心保护范围内，不得进行新建、扩建活动。但是，新建、扩建必要的基础设施和公共服务设施除外。

在历史文化名镇、名村核心保护范围内，新建、扩建必要的基础设施和公共服务设施的，县人民政府城乡规划主管部门核发建设工程规划许可证、乡村建设规划许可证前，应当征求同级文物主管部门的意见。

在历史文化名镇、名村核心保护范围内，拆除历史建筑以外的建筑物、构筑物或者其他设施的，应当经县人民政府城乡规划主管部门会同同级文物主管部门批准。

（10）历史建筑的所有权人应当按照保护规划的要求，负责历史建筑的维护和修缮。县级以上地方人民政府可以从保护资金中对历史建筑的维护和修缮给予补助。历史建筑有损毁危险，所有权人不具备维护和修缮能力的，当地人民政府应当采取措施进行保护。任何单位或者个人不得损坏或者擅自迁移、拆除历史建筑。

9. 法律责任

（1）在历史文化名城、名镇、名村保护范围内有下列行为之一的，由市、县人民政府城乡规划主管部门责令停止违法行为、限期恢复原状或者采取其他补救措施；有违法所得的，没收违法所得；逾期不恢复原状或者不采取其他补救措施的，城乡规划主管部门可以指定有能力的单位代为恢复原状或者采取其他补救措施，所需费用由违法者承担；造成严重后果的，对单位并处50万元以上100万元以下的罚款，对个人并处5万元以上10万元以下的罚款；造成损失的，依法承担赔偿责任：

1）开山、采石、开矿等破坏传统格局和历史风貌的；

2）占用保护规划确定保留的园林绿地、河湖水系、道路等的；

3）修建生产、储存爆炸性、易燃性、放射性、毒害性、腐蚀性物品的工厂、仓库等的。

（2）在历史建筑上刻画、涂污的，由市、县人民政府城乡规划主管部门责令恢复原状或者采取其他补救措施，处50元的罚款。

（3）未经城乡规划主管部门会同同级文物主管部门批准，

有下列行为之一的，由市、县人民政府城乡规划主管部门责令停止违法行为、限期恢复原状或者采取其他补救措施；有违法所得的，没收违法所得；逾期不恢复原状或者不采取其他补救措施的，城乡规划主管部门可以指定有能力的单位代为恢复原状或者采取其他补救措施，所需费用由违法者承担；造成严重后果的，对单位并处5万元以上10万元以下的罚款，对个人并处1万元以上5万元以下的罚款；造成损失的，依法承担赔偿责任：

1）改变园林绿地、河湖水系等自然状态的；

2）进行影视摄制、举办大型群众性活动的；

3）拆除历史建筑以外的建筑物、构筑物或者其他设施的；

4）对历史建筑进行外部修缮装饰、添加设施以及改变历史建筑的结构或者使用性质的；

5）其他影响传统格局、历史风貌或者历史建筑的。

(4) 损坏或者擅自迁移、拆除历史建筑的，由市、县人民政府城乡规划主管部门责令停止违法行为、限期恢复原状或者采取其他补救措施；有违法所得的，没收违法所得；逾期不恢复原状或者不采取其他补救措施的，城乡规划主管部门可以指定有能力的单位代为恢复原状或者采取其他补救措施，所需费用由违法者承担；造成严重后果的，对单位并处20万元以上50万元以下的罚款，对个人并处10万元以上20万元以下的罚款；造成损失的，依法承担赔偿责任。

(5) 擅自设置、移动、涂改或者损毁历史文化街区、名镇、名村标志牌的，由市、县人民政府城乡规划主管部门责令限期改正；逾期不改正的，对单位处1万元以上5万元以下的罚款，对个人处1 000元以上1万元以下的罚款。

(6) 对历史文化名城、名镇、名村中的文物造成损毁的，依照文物保护法律、法规的规定给予处罚；构成犯罪的，依法追究刑事责任。

第十一章　大学生投身新农村建设政策

【相关政策】

1.《中共中央国务院关于2009年促进农业稳定发展农民持续增收的若干意见》(2008年12月31日)

2.《民政部关于配合做好选聘高校毕业生到村任职工作的通知》(民函〔2008〕144号，2008年4月28日)

3.《关于选聘高校毕业生到村任职工作的意见（试行)》（中共中央组织部、教育部、财政部、人力资源和社会保障部，组通字〔2008〕18号，2008年4月11日)

4.《关于继续组织实施“农村义务教育阶段学校教师特设岗位计划”的通知》(教育部、财政部、人力资源社会保障部、中央编办，教师［2009］1号，2009年2月23日)

5.《关于实施农村义务教育阶段学校教师特设岗位计划的通知》(教育部、财政部、人力资源社会保障部、中央编办，教师［2006］2号，2006年5月15日)

图11－1　大学生“村官”在服务农村过程中成长。
（中国开放人才网窦国庆摄）

第一节 大学生“村官”政策

一、大学生“村官”与“一村一名大学生计划”

1995年，江苏省率先开始招聘大学毕业生担任农村基层干部。2005年以来，北京、四川等18个省区市先后启动大学生“村官”计划，到2008年2月底发展到28个省区市，其中17个省区市启动了村村有大学生的“村官”计划。2008年“两会”期间，大学生“村官”计划成为国家的一项人才战略。经中央批准，2008年中央有关部门开始实施5年选聘10万高校毕业生到村任职计划。随后，中央组织部会同教育部、财政部、人力资源和社会保障部要求认真做好选聘高校毕业生到村任职工作。

十七届三中全会《决定》指出，“引导高校毕业生到村任职，实施一村一名大学生计划。”《中共中央国务院关于2009年促进农业稳定发展农民持续增收的若干意见》指出，“完善村党组织两推一选、村委会直选的制度和办法，着力拓宽农村干部来源，稳步推进高校毕业生到村任职工作，实施一村一名大学生计划，完善长效机制和政策措施。”

大学生“村官”为农村传播了新知识新思想，推广了新技术新方法，改进了工作方式，提高了工作效率，对农村社会经济建设起到难以估量的作用。目前，大学生“村官”进入一个全新的发展时期。据统计，仅2008年全国新招聘大学生“村官”近8万人，远远超出原定2万名的计划。2008年10月评出的首届“中国十佳大学生村官”，呼吁在校大学生“把研究论文写在田间地头”，“勇做推进农村科学发展的生力军”。胡锦涛总书记在“十佳大学生村官”写给他的信上作出重要批示，称赞他们的创业激情和奉献精神难能可贵，要求有关部门加强与大学生“村官”的联系，对他们提出的关于完善大学生“村官”工作长效机制的建议进行研究。这为选聘高校毕业生到村任职工作指明了前进方向。

二、选聘大学生到村任职的重大意义

选聘高校毕业生到农村任职工作，是党中央作出的一项战略决策，是贯彻党的十七大精神、深入贯彻落实科学发展观的一项重要举措。做好这项工作，对于加快推进社会主义新农村建设，培养有知识、有文化的新农村建设带头人，培养造就具有坚定理想信念和奉献精神，经过基层实践锻炼、对人民群众有深厚感情的党政干部后备人才，形成来自基层和生产一线的党政干部培养链；对于全面贯彻党的教育方针，进一步加强和改进大学生思想政治教育，鼓励青年学生走深入基层、与工农群众相结合、与社会实践相结合的成长道路，培养德、智、体、美全面发展的社会主义建设者和接班人；对于做好高校毕业生就业工作，促进高等教育的持续健康发展，办好人民群众满意的教育，引导高校毕业生转变就业观念，面向基层就业创业，到经济社会发展最需要的地方施展才华，为建设社会主义新农村、实现全面建设小康社会宏伟目标提供人才支持和组织保证，都具有十分重要的意义。

因此，各级党委和组织部门要加强跟踪培养，完善政策措施，构建长效机制，鼓励大学生“村官”带头创业，使他们不仅下得去，而且待得住、干得好、流得动。大学生“村官”要经得起艰苦环境的考验，在建设社会主义新农村伟大实践中茁壮成长。

三、如何做好引导高校毕业生到村任职工作

各级党委和组织部门要把选聘高校毕业生到村任职作为一项具有长远战略意义的大事来抓，不断完善工作举措和配套政策，构建大学生“村官”工作的长效机制。

（1）公开选聘、竞争择优。做好引导高校毕业生到村任职工作，特别是把最优秀的高校毕业生选拔出来，要重点了解应聘大学生的政治表现、学习态度、组织能力、纪律观念、身体状况

等。通过公开选聘，竞争择优，真正把有志向、有热情、有奉献精神的大学生选拔出来。

（2）上岗培训，打好基础。大学毕业生经历单纯，缺乏社会经验，对农村情况了解不多。要关心爱护他们，通过多种方式有针对性地加强岗位培训和工作指导，把大学生“村官”纳入干部教育培训范围，建立乡村干部与大学生“村官”的结对帮带制度，帮助他们熟悉农村政策，掌握发展农村经济、做群众工作的本领。比如组织他们到先进村进行“驻村培训”，讲解“三农”工作的方针政策，介绍本地新农村建设情况和乡风民俗，传授开展农村工作的基本方法，帮助他们掌握与农民打交道、做群众工作的本领。也可通过请大学生“村官”先进典型介绍体会、请乡村干部传授经验和实地考察等方式，帮助他们增强到村任职工作的信心，更快地进入工作角色。

（3）提供舞台，发挥作用。要引导和保护大学生“村官”干事创业的激情，根据工作需要和本人的优势特点，为他们安排能发挥作用的岗位，给他们压担子、分任务，让他们有事干，帮助他们干成事，鼓励和支持他们做创新创业的带头人，真正感受到农村是施展抱负、增长才干的广阔舞台。

（4）完善政策，加强管理。农村条件比较艰苦，引导大学生到村任职，既要做好思想政治工作，又要研究制定和完善激励保障政策，并根据实际及时调整和完善相关政策措施，为他们集中精力在农村干事创业创造条件。要加强管理和考核，制定行为准则，强化工作纪律，健全考核办法，建立业绩档案，实行制度化、规范化管理。要建立竞争择优机制，使大学生“村官”队伍充满生机活力，源源不断地为党和国家事业发展输送来自工农一线的后备人才。到村工作表现突出、群众公信力强的，要及时提拔使用。同时，到村任职大学生之间要建立交流机制，促进共同进步。

四、大学生“村官”的待遇和保障政策

到村任职的高校毕业生，享受以下政策待遇。

（1）比照本地乡镇从高校毕业生中新录用公务员试用期满后工资水平确定工作、生活补贴标准，在艰苦边远地区工作的，按规定发放艰苦边远地区津贴，补贴、津贴按月发放；参加养老社会保险。

（2）在村任职期间，办理医疗、人身意外伤害商业保险。

（3）符合国家助学贷款代偿政策规定、聘期考核合格的，其在校期间的国家助学贷款本息由国家代为偿还。

（4）在村任职 2 年以上，具备“选调生”条件和资格的，经组织推荐，可参加选调生统一招考。

（5）在村任职 2 年后报考党政机关公务员的，享受放宽报名条件、增加分数等优惠政策，同等条件下优先录用。县乡机关公务员应重点从选聘到村任职的高校毕业生中招录。

（6）聘期工作表现良好、考核合格的，报考研究生享受增加分数等优惠政策，在同等条件下优先录取。

（7）被党政机关或企事业单位正式录用（聘用）后，在村任职工作时间可计算工龄、社会保险缴费年限。

（8）到西部和艰苦地区农村任职的，户口可留在现户籍所在地。

各地可根据《关于引导和鼓励高校毕业生面向基层就业的意见》（中办发［2005］18 号）精神和上述政策规定，结合本地实际，细化选聘高校毕业生到村任职工作的有关规定。

五、大学生“村官”的管理及服务

（1）选聘到村任职的高校毕业生为“村级组织特设岗位”人员，系非公务员身份，工作管理及考核比照公务员的有关规定进行，由乡镇党委、政府负责；人事档案由县委组织部门管理或县级人事部门所属人才服务机构免费代理，党团关系转至所在

村。工作期间，县级组织人事部门与高校毕业生签订聘任合同，合同中要明确各自遵守的条文。

（2）选聘的高校毕业生在村工作期限一般为 2～3 年。工作期满后，经组织考核合格、本人自愿的，可继续聘任。不再续聘的，引导和鼓励其就业、创业。

（3）要组织开展到村任职高校毕业生的岗前培训和岗位培训，内容主要是农村工作的基本知识和有关政策规定，也可组织他们到本地先进村进行短期考察见习，掌握做好农村基层工作的基本方法。

（4）乡镇党委、政府要安排好选聘到村任职高校毕业生的食宿及日常生活，为他们开展工作创造条件、提供方便。到村任职的高校毕业生可安排住在村级组织活动场所。

（5）选聘到村任职的高校毕业生聘用期间必须在村里工作，乡镇以上机关及其他单位均不得借调使用。

六、大学生“村官”享受哪些补贴

对选聘到村任职的高校毕业生给予一定补贴。补贴主要用于到村任职高校毕业生的工作、生活补助和享受保障待遇应缴纳的相关费用等。补贴资金由中央财政和地方财政共同承担。中央财政补贴西部地区的费用按人均每年 1.5 万元的标准拨付，补贴中部地区的费用按人均每年 1 万元的标准拨付，补贴东部地区的费用按人均每年 0.5 万元的标准拨付。不足部分由地方财政承担。

对选聘到村任职的高校毕业生，中央财政按人均 2000 元的标准发放一次性安置费。

七、怎样做好大学生“村官”

选聘大学生到村任职是党中央为保证社会主义事业薪火相传、后继有人作出的战略决策。农村是青年学生了解国情、熟悉社会的好课堂，是培养锻炼人才的重要阵地。到村任职为大学生施展才华、实践人生提供了极好的舞台和机遇，农村生活虽然苦一些，但苦能锻炼人，农村工作虽然难一些，但难能考验人，“村官”不仅是一份职业，更是一份事业。到村任职后，大学生“村官”一定要志存高远，坚定自己的人生选择，严格要求自己，克服浮躁情绪和功利主义思想，脚踏实地刻苦磨炼自己，安心扎根农村基层，真情服务农民，在艰苦环境中砥砺意志和品格，用青春和汗水为实现理想成就事业而努力；要更加深入地了解农村和农民，虚心向农民群众和农村基层干部学习，在服务农民、带领农民致富的实践中经风雨、长见识、增才干，在体验农民甘苦、与农民一起摸爬滚打中增进对群众的深厚感情，做农民群众的知心人；要把所学知识专长和农村资源、市场需求结合起来，充分发挥眼界宽、信息灵、思路活的优势，带头创业、带领农民创业，做建设社会主义新农村的生力军。

结合当前新农村建设现状和大学生“村官”的实际，大学生“村官”需要做到以下几点。

(1) 做新农村需要的大学生“村官”。农村干部群众热切期望大学生“村官”能够带领大家一起致富奔向全面小康。大学生村官一定要做有理想、有抱负、热爱农村、愿意把农村发展真正当成事业去做的人；一定要做有较好组织协调能力和处理问题能力，能适应农村艰苦工作环境的人；一定要做有现代思想观念和扎实专业知识，能发挥特长带领群众致富奔小康的人。

(2) 要扎扎实实做好工作。农村人际关系、利益纠葛纷繁复杂，农村工作琐碎、敏感、环环相扣，大学生“村官”很难在短期内被农村社会一下子接纳。同时，大学生“村官”自身也存在一定的局限：如大多数“村官”经历单纯，有的甚至根本没有农村生活的经历。面对困难，大学生“村官”要迎难而上，尽快了解农村情况，尽早融入农村社会，以建设新农村主人翁的身份与农村群众打成一片，扎扎实实、认认真真做好每一件事，真正在农村广阔天地中有所作为。

(3) 要切切实实提高能力。从目前大学生“村官”构成来看，大部分刚刚离开学校，没有或极少拥有相关社会工作经验。

大学生“村官”的知识结构并不能完全适应农村的工作，阻碍了工作的开展和优势的发挥。因此，大学生“村官”要认真查找自身存在的问题，对症下药，多练内功，提高工作能力。一是要提高运用专业知识解决实际问题的能力，二是提高人际沟通能力，三是提高组织管理能力，四是提高自我激励能力，通过多种途径尽快弥补自身的不足，完善知识结构，将自己的知识尽快转化为实际工作能力，在为新农村服务中做出成绩。

八、北京为卸任大学生村官谋划“出路”

北京 2006 年选聘的首批大学生村官即将合同期满卸任。为解决其就业问题，北京为卸任大学生村官谋划 7 条“出路”，其中包括拿出一定数量基层公务员岗位，定向招录合同期满的大学生村官。这七条“出路”是：一是每个乡镇增加专项事业编制，选拔优秀“村官”继续派到行政村工作。二是从合同期满的大学生“村官”中，选拔优秀“村官”续聘。三是在鼓励“村官”报考中央国家机关公务员和本市面向应届毕业生录用公务员考试的基础上，再拿出一定数量的基层公务员岗位，面向合同期满大学生“村官”定向招录。四是选拔符合条件的“村官”直接进社区工作。五是鼓励企业招用合同期满“村官”，可申请享受岗位补贴和社会保险补贴以及小额担保贷款。六是支持“村官”自主创业，可减免行政事业性收费，申请小额担保贷款。七是各区县和各企事业单位，积极挖掘本系统和本地区就业资源，通过举办面向“村官”的专场招聘洽谈会等方式，努力为合同期满大学生“村官”提供工作岗位。此外，大学生村官考研究生的政策也在研究中。

为补充合同期满即将卸任的首批村官，北京市 2009 年再次公开招聘 1600 名京郊农村村党支部书记助理、村委会主任助理。按照政策规定，被聘任为村党支部书记助理、村委会主任助理的高校本科毕业生，第一年平均工资每人每月 2000 元，第二年平均每人每月 2500 元，第三年平均每人每月 3000 元。按照地域和学历不同，各区县可适当浮动。

第二节 大学生到农村支教政策

一、农村义务教育“特岗计划”

2006年，教育部、财政部、人事部、中央编办下发了《关于实施农村义务教育阶段学校教师特设岗位计划的通知》（教师〔2006〕2号），联合启动实施“特岗计划”，从2006年起，用5年的时间公开招聘高校毕业生到“两基”攻坚县农村义务教育阶段学校任教，逐步解决农村学校师资总量不足和结构不合理等问题，提高农村教师队伍的整体素质。2006—2008年，共招聘特岗教师5.9万多人，覆盖400多个县、6000多所农村学校。2009年国家将“特岗计划”实施范围扩大到中西部地区国家扶贫开发工作重点县。

二、“特岗计划”的资金安排

“特岗计划”所需资金由中央和地方财政共同承担，以中央财政为主。中央财政设立专项资金，用于特设岗位教师（特岗教师）的工资性支出，并按人均年1.5万元的标准，与地方财政据实结算。特岗教师在聘任期间，执行国家统一的工资制度和标准；其他津贴补贴由各地根据当地同等条件公办教师年收入水平和中央补助水平综合确定。凡特岗教师工资性年收入水平高于1.5万元的，高出部分由地方政府承担。

省级财政负责统筹落实资金，用于解决特岗教师的地方性补贴、必要的交通补助、体检费和按规定纳入当地社会保障体系，享受相应的社会保障待遇（政府不安排商业保险）应缴纳的相关费用，以及特岗教师岗前集中培训和招聘的相关工作等费用。

三、特岗教师的管理及待遇

1. 特岗教师的主要来源

（1）高等师范院校和其他全日制普通高校应届本科毕业生以及少量应届师范类专业专科毕业生。（2）取得教师资格，具有一定教育教学实践经验，30 岁以下的全日制普通高校往届本科毕业生。（3）参加过“大学生志愿服务西部计划”、有从教经历的志愿者和参加过半年以上实习支教的师范院校毕业生同等条件下优先。（4）报名者应同时符合教师资格条件要求和招聘岗位要求。

2. 岗位设置

特岗教师原则上安排在县以下农村初中，适当兼顾乡镇中心学校。人口较少的边境县、少数民族自治县和少小民族县可安排在农村生源占 60% 左右的县城学校。应注意结合当地实际需求，按照学科结构，科学搭配。岗位设置要相对集中，一般在 1 个县（市）安排 100 个左右，1 所学校安排 3 ~ 5 人。

3. 特岗教师的管理和考核

（1）受援县（市）负责教师的日常管理和考核。

（2）聘任期间，特岗教师户口和档案关系的管理，由省级人民政府根据当地实际情况确定。档案关系原则上统一转至工作学校所在地的县级政府教师人事档案管理部门。

（3）确保特岗教师在工资待遇、职称评聘、评优评先、年度考核等方面与当地公办学校教师同等对待。

（4）各受援县（市）和学校，要为特岗教师提供相应的周转住房和必要的生活条件。

（5）特岗教师在聘期内，由地方教育行政部门对其进行跟踪评估。对成绩突出、表现优秀的，给予表彰；对不按合同要求履行义务的，要及时进行批评教育，督促改正；对不适合继续在教师岗位工作的，应及时将其调整出教师队伍并相应取消其享受的相关政策优惠。

4. 特岗教师的“出路”

特岗教师聘期3年。聘期结束后，鼓励继续留在当地从教。对自愿留教的，要落实工作岗位，工资发放纳入当地财政统发范围，享受当地教师同等待遇。对重新择业的，要为其提供条件和帮助。

今后城市、县镇义务教育阶段学校教师空缺需补充人员时，同等条件下优先聘用服务期满特岗教师。要确保服务期满考核合格且愿意留任的特岗教师全部落实工作岗位，做好人事、工资关系等接转工作。

5. 其他事项

(1) 符合相应条件要求的特岗教师，可按规定推荐免试攻读教育硕士。特岗教师3年聘期视同“农村学校教育硕士师资培养计划”要求的3年基层教学实践。

(2) 从2009年开始，各地中学和小学教师补充应全部采取公开招聘的办法，同等条件下优先聘用高校毕业生（含引导和鼓励高校毕业生到农村基层服务期满人员），不得再以其他方式和途径自行聘用教师。

第三节 大学生回乡创业政策

近年来，回乡务农就业创业成为一些农村生源大学毕业生的新选择。尽管创业之初备尝艰辛，尽管家乡父老有许多不理解，他们还是想方设法克服暂时困难，在黄土地上实现了自己的梦想。

一、国家政策

国家对自主创业的许多政策大都适合高校毕业生，也适合回乡创业的大学生。如，《国务院办公厅转发人力资源社会保障部等部门关于促进以创业带动就业工作指导意见的通知》（国办发〔2008〕111号）指出，“适当放宽高校毕业生、失业人员以及返乡农民工创业的市场准入条件。”“毕业2年以内的普通高校毕业生从事个体经营的，要按有关规定，自其在工商部门首次注册登记之日起3年内，免收管理类、登记类和证照类等有关行政事业性收费。”

二、地方政策

1. 江苏省

江苏省规定，对到村任职的高校毕业生优先安排农业科技创新创业项目。支持到村任职高校毕业生开展自主创业。各地扶贫部门和驻县扶贫工作队要积极引导到村任职高校毕业生自主创业，并提供产业发展、市场营销、运行管理等具体指导，帮助他们提高带领农民创业致富的能力。有条件的地方还可以设立专项创业奖励资金。各地对到村任职高校毕业生创业在工商登记、土地使用、用电用水、贷款贴息、税费减免等方面，要给予优惠扶持。使用本地劳动力的创业企业，可按规定享受减免企业所得税的优惠政策。通过发挥大学生村官的带头示范作用，“做给农民看，带着农民干，帮助农民富”，大力推进农民就业创业。

江苏省委驻滨海扶贫工作队2008年首期安排200万元，作为大学生村官扶贫创新创业专项资金，实行无息使用、到期归还借款本金的方式，同一项目最高金额为10万元，使用期限最长不超过2年。铜山县成立了“铜山县到村任职大学生创业项目咨询服务中心”，以此推动大学生“村官”们在各自的岗位上早日建功立业。铜山县委、县政府还专门安排了100万元的“到村任职大学生创业基金”，县财政、金融部门为到村任职大学生安排了扶持性专项贷款。

2. 山东省

（1）山东省青春创业行动

山东共青团组织在服务青年就业创业过程中，建立了较为完善的工作体系和工作机制。山东各级团组织联合有关部门先后出台40余条有利于青年创业的政策；团省委联合有关机构先后设立“高新投基金”、“风帆基金”等30多个不同额度、不同使用方向的青年创业基金；同时为青年配备创业导师，进行“一对一”辅导。在“青春创业行动”的支持下，山东省已有成千上万名青年成功创业。如，2004年大学毕业生潘学鹏回到家乡惠民县李庄镇，贷款创办了一家绳网加工企业。两年后，公司发展成为年产值100万美元、利税8万美元、产品达9大系列120个品种的知名绳网出口企业。

图11-2　山东农业大学园艺学院2008届毕业生谢思惠（中）和他的农民朋友在农业创新性示范基地里。他放弃学校推荐免试研究生的机会，大学期间就在家里承包30亩地搞农业创新性示范基地，发起成立“福安市泽民农业专业合作社”，带领家乡农民致富增收。他当选2007年度“中国大学生自强之星”，第五届“福建省五四青年奖章标兵”、福建省宁德市第四届“宁德市十大杰出青年”，获中央电视台“致富创意大赛”二等奖。

（2）回乡务农可重新分得土地

山东省公安厅等六部门联合出台政策，规定未经毕业生就业主管部门派遣到工作单位的大中专院校农村生源毕业生，可回家庭所在地公安派出所，直接办理落户手续，重新分得土地。

3. 江西省

瑞金市推进“大学生田野创业工程”建设，出台多项政策措施，积极支持鼓励大学生到广大农村基层创业发展。该市制订了“大学生创业培训计划”，成立大学生创业发展服务中心，开辟了大学生创业发展“绿色通道”，对大学生创业计划进行可行性研究，每项被选中的大学生创业计划可获得市财政无息 5 万元“大学生创业基金”支持，根据创业计划规模大小，政府还可以给予 10 万元到 20 万元小额信贷担保等。

问 题 索 引

参 考 文 献

[1] 江文胜. 社金主义新农村建设有哪些内容？ [J]. 科学决策，2006，(1)：12－13.

[2] 赵向阳，严冬枫. 《中华人民共和国农村土地承包法》概要 [OL]. 钱塘法治. [2002－12－27]. http://www.qtfz.gov.cn:8080/flfw_xfjs/20021227107.htm.

[3] 李银芳，李富金. 当前土地承包纠纷中存在的问题及对策 [OL]. 中国法院网. [2004－10－10]. http://www.chinacourt.org/public/detail.php? id＝134055.

[4] 施志祥，於芬红. 关于农村土地承包经营权流转的探讨 [OL]. 浙江农业信息网. [2004－07－06]. http://www.zjagri.gov.cn/html/main/zjModernAgriView/2006012664335.html.

[5] 孙莉苹，龙茜. 对农村宅基地管理存在的主要问题分析及相应对策 [J]. 农业科技与信息，2007－11－28.

[6] 李萍君. 村庄规划是新农村建设中一个重要的使命 [J]. 消费导刊，2007，(8)：236.

[7] 杜国平，杨李红. 新农村建设中的村庄规划问题探讨 [J]. 安徽农业科学，2007，35 (22)：6957，6967.

[8] 林水成. 苏家坡村庄整治规划编制的启示 [J]. 小城镇建设，2007，(9)：28－30.

[9] 白正盛. 新农村论坛：推进村庄整治改善农村人居环境 [OL]. 城镇化动态，[2007－2－27]. http://www.hnup.com/xhpaper/article.asp? id＝129&classid＝34.

[10] 黄幼钧，李文钢，钟心田. 杭州市村庄环境整治问题的分析与探讨 [OL]. http://www.hznw.gov.cn/artDetail.jsp? id＝2006090532247.

[11] 规划新农村建设新农村——省建设厅向世林厅长在全省社会主义新农村建设村庄整治培训班开学典礼上的讲话摘要 [OL]. 城镇化动态，[2006－4－8]. http://www.csup.gov.cn/xhpaper/article.asp? id＝108&classid＝26.

［12］梁伟．统一思想 统筹规划 扎实推进村庄整治建设［J］．新农村，2005，(3)：3.

［13］孙玉波．改善农村人居环境要以服务农民为前提［OL］．北京市农委政务网，［2007－06－26］. http://pinggu. agri. gov. cn/counter. asp? id = 14206&IClass =0402.

［14］周筱芳．农村人居环境与新农村建设［J］．小城镇建设，2006，(12) 65－67.

［15］管志刚．对社会主义新农村建设中村容整洁的思考［J］．中共乌鲁木齐市委党校学报，2006，(3)：15－19.

［16］司春霞，胡瑞芝．我国农村居民点布局存在的问题及对策研究［J］．农村经济与科技，2006，(12)：64－65.

［17］陈志强．小康建设中如何解决好农民住房问题［J］．国土资源导刊，2005，2 (5)：36－37.

［18］王惠丽，王广和，贾慧献．新农村规划与民居建设［J］．住宅科技，2006，(12)：58－61.

［19］徐瑜青，张云静．理顺我国西部地区农产品流通渠道的政策建议［OL］．中国经济研究中心，［2002－6－16］. http://www. cq. cei. gov. cn/content. asp? fcode = 11334.

［20］程国强．我国农村流通体系建设：现状、问题与政策建议［OL］．国研网．［2008－04－30］. http://www. drcnet. com. cn/DRCNet. Channel. Web/expert/showdoc. asp? doc_id = 199412.

［21］邵琛霞．农村环境保护立法探讨［J］．江苏农村经济，2006，(3)：55－56.

［22］窦玉珍．农村常用环境保护法律知识［M］．中国法制出版社，2002－01.

［23］国家环保总局，《国家级生态村创建标准（试行）》，2006－12－05.

［24］姚润丰，董峻，于文静．建设现代农业将给 9 亿农民带来哪些实惠？——解读中央一号文件六大亮点［OL］．人民网．［2007－01－30］. http://www. gov. cn/jrzg/2007－01/30/content_512676. htm.

［25］全国人民代表大会，中华人民共和国村民委员会组织法释义［OL］．中国人大网．［2006－12－18］. http://www. npc. gov. cn/npc/flsyywd/xianfa/2000－10/20/content_8439. htm.

［26］新华网．十七届三中全会决定解读：如何做好引导高校毕业生到村任职工作［OL］．［2009－01－26］. http://news. xinhuanet. com/newscenter/2009－01/26/content_10720862. htm.

［27］中国教育新闻网．村民眼里的大学生村官［OL］．中国教育新闻网．［2008－04－07］. http://www. jyb. cn/zt/jyzt/t20080407_153354. htm.